Progress & Application
パーソナリティ心理学

小塩 真司 著

サイエンス社

監修のことば

　心理学を取り巻く状況は，1990年代から現在に至るまで大きく変化してきました。人間の心理を情報処理過程と見なす認知心理学は，脳科学など周辺領域との学際的な研究と相まってさらに発展を続け，他の心理学領域にも影響を与えながら大きな拡がりを見せています。また，インターネットや携帯電話の発達に見られるように，私たちの生活環境そのものも大きな変貌をとげています。教育，福祉，医療，労働などさまざまな領域では解決すべき課題が次々と立ち現れ，その解決に向けて多様なアプローチが試みられています。このような「変化の時代」において，心理学の重要性はますます高まってきたといえるでしょう。研究や実践に直接的に関わる専門家でなくとも，人々が心理学の基礎的な知識を正しく身につけ，それを社会生活の中で生かしていくことが必要とされています。

　本ライブラリは，大学生や社会人の方々に心理学のさまざまな領域のエッセンスを効率的に理解していただくことを目的に企画されました。そのために，各領域の第一線で活躍されている先生方を選び，執筆にあたっては，全体的なバランスを考慮しながら心理学の基本的事項はもとより最新の知見を積極的に紹介していただくようにお願いしました。基本的にお一人で執筆していただくという方針をとったのも，できるだけ自由にこの作業を行っていただきたいという願いからでした。その結果，各巻ともクオリティの高さと理解のしやすさを兼ね備えた内容になっています。さらに，読者の理解を助けるために，ビジュアルな表現形式を効果的に取り入れ，レイアウトにも工夫を凝らしました。新しい時代に向けたスタンダードなテキストから成る本ライブラリが，社会に生きる人間のこころと行動に関心をもつ方々のお役に立てることを確信しています。

　　　　　　　　　　　　　　　　　監修者　安藤清志・市川伸一

まえがき

　人がパーソナリティすなわち「性格」を気にし始めるのは，いつ頃からなのでしょう。小学生にもなれば，親が子どもに学校の様子を尋ねたときに，「〇〇ちゃんはやさしい」「△△君はすぐ怒る」「□□先生は厳しい」など，パーソナリティ用語を用いて人々を形容し始めるのではないでしょうか。当然のように親も自分の子どもをパーソナリティ用語で表現しますし，自己紹介でも自分の長所や短所を述べるときにパーソナリティ用語で表現することがあります。

　しかし，そもそもパーソナリティとはいったい何なのでしょうか。また，心理学のなかではどのように研究されているのでしょうか。どのような歴史的背景があり，どこまでその研究は広がりをもっているのでしょうか。また，心理学での研究内容は，社会とどのような関わりをもつのでしょうか。

　本書は，そのような素朴な疑問のすべてに対して答えを用意しているわけではありません。しかし，パーソナリティ心理学という一つの研究領域のおおまかな様子については，本書から読み取ってもらえるのではないかと思います。パーソナリティはあまりにも素朴で，皆さんが普段何気なく使う言葉のなかにも数多く登場します。だからこそ，心理学者がそれをどのように研究しているのかを，ぜひ学んでほしいと思います。本書が，素朴な「性格」のとらえ方と，心理学者たちが考えるパーソナリティという概念との間の橋渡しとなれば嬉しく思います。

　とくに本書では，パーソナリティが研究されてきた歴史にも重点を置いています。この歴史は，「人間が人間をどのように表現するか」という歴史で

もあります．歴史のなかであるときは「体液」が注目され，あるときには「体型」が注目されたりしながら，心理学的な側面と結び付けられて人間の特徴が論じられます．また，人間をどのように表現するか，という問題は「人間をどのように測定するか」という問題にもつながっていきます．ここで重要なのは，研究が進展することによって多くの理論が覆ったり，顧みられなくなっていったりすることです．その理論を提唱していた研究者にとってそれは残念なことですが，研究活動という観点からすればそれは正常な営みです．

　さらに，人間を測定する試みは，多くの人々からデータを得て，統計的に分析するという研究のスタイルを生み出していきます．本書で詳細にみていくのは，パーソナリティを表現する「ことば」に注目する研究です．パーソナリティを表現するというのは人間を「ことば」で表現することを意味します．この100年あまりの歴史のなかで，「ことば」に注目することから数多くの研究が行われてきました．そしてその研究の流れは，終わることなく現在も続けられており，多方面へと広がっています．心理学にあまり馴染みのない読者の皆さんにとって，このような研究の歴史や展開を知るのは初めてのことではないかと思います．世界中で多くの研究者が，このような研究に取り組んできており，現在も取り組んでいるのだ，ということに思いを馳せていただければ幸いです．

　なお本書は，サイエンス社の「Progress & Application」の一冊として書き下ろされたものです．ライブラリ監修者の安藤清志先生，市川伸一先生には本書執筆の機会を与えていただきました．また，サイエンス社の清水匡太氏には遅々として進まない執筆作業を根気よくお待ちいただきました．心より感謝申し上げます．

2014年4月

小 塩 真 司

目　次

まえがき ………………………………………………………………… i

第1章　パーソナリティをどう考えるか　　1
1.1 パーソナリティとは ………………………………………… 2
1.2 見えないもの ………………………………………………… 8
1.3 パーソナリティへの関心 …………………………………… 10
参 考 図 書 …………………………………………………………… 14

第2章　分けること　　15
2.1 類 型 論 ……………………………………………………… 16
2.2 類型論から特性論へ ………………………………………… 19
2.3 尺 度 水 準 …………………………………………………… 23
2.4 類型と特性の関係 …………………………………………… 25
参 考 図 書 …………………………………………………………… 30

第3章　パーソナリティ用語の探求　　31
3.1 言葉を探す …………………………………………………… 32
3.2 世界各国における特性語の探求 …………………………… 34
3.3 日本におけるパーソナリティ用語の探求 ………………… 36
3.4 語彙数とパーソナリティ関連語数 ………………………… 39
参 考 図 書 …………………………………………………………… 41

第4章 パーソナリティ特性の探求　43

- 4.1　言葉を整理する　44
- 4.2　パーソナリティ特性の探求　46
- 4.3　5因子の通文化性　57
- 4.4　日本における特性の探求　60
- 4.5　日本語のビッグ・ファイブ尺度　63
- 参考図書　68

第5章 5つのパーソナリティ特性　69

- 5.1　5つの因子　70
- 5.2　外向性―内向性　70
- 5.3　神経症傾向　75
- 5.4　開放性　77
- 5.5　調和性　79
- 5.6　誠実性　82
- 参考図書　86

第6章 ビッグ・ファイブの評価とその他の見方　87

- 6.1　ビッグ・ファイブの意義と批判　88
- 6.2　他の因子数モデル　92
- 6.3　他の理論モデル　97
- 参考図書　102

第7章 測定上の注意　103

- 7.1　テストについて　104
- 7.2　信頼性　107
- 7.3　妥当性とは　109
- 7.4　妥当性の証拠　111

目次

  7.5 ケース・スタディ …………………………………… 115
  参考図書 ………………………………………………… 118

第8章　さまざまな検査　119

  8.1 心　理　検　査 ………………………………………… 120
  8.2 知　能　検　査 ………………………………………… 122
  8.3 質　問　紙　法 ………………………………………… 127
  8.4 投　影　法 ……………………………………………… 131
  8.5 作業検査法 ……………………………………………… 136
  参考図書 ………………………………………………… 138

第9章　さまざまなパーソナリティ特性　139

  9.1 ポジティブな意味をもつ特性 ………………………… 140
  9.2 ポジティブ・ネガティブ両面の意味をもつ特性 …… 145
  9.3 ネガティブな意味をもつ特性 ………………………… 148
  参考図書 ………………………………………………… 152

第10章　パーソナリティの諸相　153

  10.1 人間以外のパーソナリティ …………………………… 154
  10.2 パーソナリティと生活 ………………………………… 157
  10.3 パーソナリティの遺伝 ………………………………… 161
  10.4 パーソナリティの発達 ………………………………… 168
  参考図書 ………………………………………………… 172

引用文献 ……………………………………………………… 175
人名索引 ……………………………………………………… 192
事項索引 ……………………………………………………… 195
著者略歴 ……………………………………………………… 198

第1章

パーソナリティをどう考えるか

「ねえねえ，あの先輩って，性格が暗すぎない？」
「暗い？　そうかなあ……この前，帰りの電車が一緒だったんだけど，よく話をしていたよ」
「へえ，珍しいこともあるものね。だってさ，いつも部活のときはむっとして黙っていて，話しかけてもちゃんと返事してくれないんだもん」
「そうなんだ。でもさ，それ，たまたまなんじゃないの」
「たまたまじゃないよ。何度も話しかけているのに，いつもむっとして，ちゃんと返事を返してくれないの」
「だから，性格が暗い，って思ったんだね」
「そう。でも，本当は違うのかな」
「僕がもっている先輩の印象は，そんなに暗いものじゃないんだよなあ」

　性格という言葉は，日常場面でよく使われます。しかし，性格とは何か？と尋ねられると，「こうだ」と答えることはなかなか難しいことに気づきます。また，ある人が感じる性格と，別の人が感じる性格が違うときがあります。いったい，どの性格が「本物」なのでしょうか。いったい，性格とは何なのでしょうか。
　本章ではまず，日常でよく使われる「性格」という言葉から考えていきたいと思います。

1.1 パーソナリティとは

1.1.1 言葉について

　皆さんが普段，よく使っている言葉の一つに「性格」があります。

　この言葉は，人間を対象として使われることも，人間以外を対象として使われることもあります。たとえばペットショップを訪れれば，「おとなしい」「活発」「かしこい」といったように，購入する情報の助けとしてイヌやネコの性格が記載されています。また，「事件の性格を解明する」といったように，ある物事の特徴を意味するときにも性格という言葉が使われます。

　人間を対象とした場合に「性格」は，「行動のしかたに現れる，その人に固有の感情・意志の傾向」，人間以外を対象とした場合には，「特定の事物にきわだってみられる傾向」といった意味で用いられます（松村，1998）。本書は心理学のテキストですので，人間を対象とした話に限定しましょう（動物を対象とした話は第10章を参照して下さい）。

　また，本書では「性格」という言葉ではなく，「**パーソナリティ**」という言葉を用います。「パーソナリティ」という言葉は，なじみが薄いかもしれません。なぜ「パーソナリティ」というカタカナの言葉が，「性格」を表すために使われるようになったのかについては，海外の言葉を日本語に翻訳して用いてきたという歴史的な背景があります。

　表 1.1 に，パーソナリティに関連する用語と，その使われ方についてまとめておきます。

　もともと，心理学という学問が成立する以前から，主にヨーロッパで"character"という用語が研究において用いられていました。この言葉が日本に入ってきたとき，「性格」という訳語があてられます。

　1920年代頃より，アメリカを中心として海外の心理学では"personality"という用語が用いられるようになっていきます。それにともない，それまで用いられていた"character"は，心理学の専門用語としては使われなくなっていきました。近年では，品格教育（character education；井邑他，2013）

1.1 パーソナリティとは

表 1.1 パーソナリティに関連する用語

日本語（英語）	使 わ れ 方
character	海外のパーソナリティ心理学では専門用語ではなく日常用語として使用されることが多い。望ましいというニュアンスを含む。近年の心理学では「望ましい心理的特徴（長所など）」を意図した用語として用いられることがある。
性　格	character の訳語として用いられるが，日本では心理学の専門用語としても使用される。日常会話でもよく用いられる。望ましいというニュアンスを含まない。
personality	海外では広く心の個人差を指す心理学の専門用語として使用される。望ましいというニュアンスを含まない。
人　格	personality の訳語として用いられるが，性格との明確な区別はない。法令用語としても用いられる。望ましいというニュアンスをもつ。
パーソナリティ	現在，日本の心理学の専門用語として広く使用されるようになっている。
temperament 気　質	生物学的基礎に基づく心の個人差や，発達初期（乳幼児期）の心の個人差を意味する。

や人格的強さ（character strength）といった，望ましい心理的特長を研究する際に"character"が使われることがあります。

　この"personality"という言葉は，明治時代に日本に輸入され，「人格」という訳語があてられました（惣郷・飛田, 1986）。

　これらの言葉には，このような歴史的経緯があることから，「character ＝ 性格」「personality ＝ 人格」という訳語として1対1に対応づけられることもありました。ところが，どうも英語の"character"と日本語の「性格」，英語の"personality"と日本語の「人格」は1対1に対応づけられるような，まったく同じニュアンスをもつわけではないようなのです。たとえば，英語の"character"には「望ましい人物」であるというニュアンスがありますが，「彼は人格者だ」という文章が成立するように，日本語でそのようなニュアンスをもつ言葉は，「性格」よりも「人格」ではないでしょうか。元京都大

学教授の佐藤幸治は1951年に刊行された著書『人格心理学』のなかで、「日本語ではむしろ心理学的意味における人格はpersonalityにあたり、日常使用されている意味の人格はcharacterにあたると云うべきである」（佐藤, 1951, p. 20, 現代語訳は筆者による）と指摘しています。この訳語の対応については、古くから問題視されてきたことがうかがえます。

このような用語の混乱を避けるため、近年の日本の心理学では、「性格」や「人格」という言葉を用いるよりも「パーソナリティ」とカタカナで表記する機会が増えてきているのです。本書では、すでに使用方法が確定している用語を除き、できるだけ「パーソナリティ」と表記したいと思います。

1.1.2 日常で使われるパーソナリティ

さて、皆さんは自分のパーソナリティ（性格）について、どのように考えているでしょうか。また、自分や周囲の人たちのパーソナリティを表現するとき、どのような言葉を使っているでしょうか。

ウェブログ（ブログ）を対象として、どのようなときに「性格」という言葉が使われるかを検討した研究があります（荒川・原島, 2010）。この研究では、2007年のある1日、24時間の間にアップされた713の記事を分析の対象としました。

分析の結果、ウェブログには「自分の性格」について書いたものが多く（約43％）、次に「他者の性格」（約26％）が続いていました。また、「動物」や、映画やアニメ、ゲームなどの「登場人物」の性格についての記述もみられました。

表1.2には、ウェブログにおいて自分の「性格」が言及される文脈をまとめてあります。ウェブログに記述された「性格」という言葉は、いくつかの文脈のなかで用いられているようです。

第1に、行動や好き嫌いの判断をもたらす基板となるようなものとして、性格に言及される場合があります。たとえば、「私はあきらめの悪い性格なので、最後までやり通す」といった表現です。第2に、対人的な側面として

1.1 パーソナリティとは

表 1.2　ウェブログで自分の「性格」が言及される文脈（荒川・原島, 2010 に基づき作成）

A. 行動・嗜好の基板としての性格
①特定の行動をすること（できないこと）の原因を性格に求める。／②理解できないことの原因を性格に求める。／③性格に基づいて，自分の行動を説明する。／④特定の行動の原因の一つの可能性として，性格を挙げる。／⑤出来事の生起を希望する際，根拠として自分の性格を挙げる。／⑥仕事等と自分の性格との合致に言及する。／⑦特定の物事への好みを自分の性格に結びつける。

B. 対人的な側面としての性格
①自分がどのような性格かを呈示する。／②性格が原因で行動や結果が生じることを示す。／③自分の性格が他者からどう見えるかの懸念や，他者の反応を示す。／④他者に対して自分の性格の受容を求めること，受容されることを述べる。

C. 性格の評価
①自分の性格の嫌な点を挙げる。／②自分の性格の利点を挙げる。

D. 性格の変化
①自分の性格が変化することを希望する。／②自分の性格が変わらないことを述べる。／③状況による自分の性格の変化を感じる。

E. 性格による予測と制御
①特定行動が自分の性格を前提としたものであることを述べる。／②特定の行動が普段の自分の性格とは異なると説明する。／③自分の性格を根拠として，将来を予測する。

F. その他
①性格の成立背景に言及する。／②性格と外見とを対比させることを述べる。／③自分で自分の性格がわからないと述べる。

性格に言及される場合があります。これは，他者に自分の性格をアピールしたり，他者に自分の性格について尋ねたりすることなどとして表れます。第3に，性格の評価に言及される場合があります。これは，自分の長所や短所に何らかの性格を挙げることです。第4に，性格の変化に言及する場合です。自分の性格が変わった，あるいは変わらない，またその予想などを述べることに表れます。そして第5に，性格による予測と制御に言及する場合です。これは，自分の性格を変えるために何かをすると述べたり，本来の自分の性格とは異なる行動をしたことを述べたりすることとして表れます。

この研究はあくまでも特定の日のウェブログを抽出したものにすぎません。しかし**表 1.2**の文脈は，多くの人がいつ「性格」という言葉を使っているか

を考えていくための重要な視点になるものだといえるでしょう。

1.1.3 パーソナリティとは

　パーソナリティの定義は，パーソナリティ研究者の数だけあるといわれることがあります（Hall & Lindsey, 1957）。

　表 1.3 に，代表的なパーソナリティの定義をまとめてみました。いずれの定義も，パーソナリティを人間の行動や思考を生み出す，人間の内部に備わった要因だと仮定しています。歴史的にはさまざまなパーソナリティの定義がなされてきたのですが，これらの定義のなかでも近年，海外ではパーヴィンのような定義が，広く受け入れられているようです。また，日本人研究者の定義も示しました（若林, 2009；渡邊, 2010）。若林（2009）の定義は，生物学的規定因を重視したものであり，渡邊（2010）の定義はパーソナリティという概念に焦点を当てたものだということができます。

　では，パーヴィンの定義に従って，パーソナリティについて考えてみたいと思います。まず，パーソナリティの研究は個人差の研究の一領域だといえます。身長も体重も，学校での成績も，好きな事柄についても人間には「個人差」が存在します。

　しかし，パーソナリティといったときには，そこに何か組織的な体制，つまりなんらかのメカニズムが存在することが仮定されます。身体的な特徴，たとえば体重を考えてみると，そこには遺伝と環境の双方が影響を及ぼします。また，体重は1つの原因だけで決まるものではありません。たとえばある遺伝子をもつことが少しだけ骨の密度を高め，運動する環境にいることが少しだけ筋肉量を増やすとします。これらのように，多くの物事が関わり合うことで，体重となって現れてくるのです。パーソナリティも同じように，さまざまな要因が組織的に関わり合うことで形づくられると考えられます。

　また，パーソナリティは認知，感情，行動と関連をもつと考えられます。認知，感情，行動は相互に関連をもちつつも，パーソナリティと深く関わり，個々人の違いを生み出すと考えられます。

表 1.3 パーソナリティの定義

研究者	内　容
オールポート，G. W.（1961）	パーソナリティとは，個人のなかにあって，その人の特徴的な行動と考えとを決定するところの，精神身体的体系の動的組織である。
キャッテル，R. B.（1965）	パーソナリティとは，個人がある場面に置かれたとき，その人のとる行動を決定するもの。
アイゼンク，H. J.（1952）	パーソナリティとは，多かれ少なかれ安定した個人の特徴（性格，気質，知性，体質など）の持続的な体制で，個人に独自の環境への適応の仕方を決定するもの。
チャイルド，I. L.（1968）	パーソナリティとは，ある 1 人の人の行動が一貫したものであり，類似した状況においても他の人の行動とは異なる行動を生じさせるある程度安定した内的要因。
パーヴィン，L. A.（2003）	パーソナリティとは，人の生活に方向性と（一貫した）パターンをもたらす認知，感情，行動の複雑な体制である。身体のように，パーソナリティは構造とプロセスをもち，氏（遺伝）と育ち（環境）の両方を反映する。さらに，パーソナリティは過去の影響や過去の記憶も含むものであり，同時に現在や未来の構造も含むものである。
若林（2009）	【基本的定義】パーソナリティとは，時間や状況を通じて個人（個体）の行動に現れる比較的安定したパターンとして外部から観察可能なものであり，他者（他個体）との違いとして認識されるもので，それは発達過程を通じて遺伝的要因と環境との相互作用の結果として現れるとともに，それは神経・内分泌系などの生理・生物学的メカニズムによって媒介されているものである。
	【人間固有の定義】パーソナリティとは，各個人が認知している自己の行動や情動に現れる比較的安定したパターンについての心的表象であり，その基礎には（自覚されている程度には個人差はあるが）遺伝的要因によって規定された固有の神経・内分泌などの生理・生物学的メカニズムと環境との相互作用がある。これは主観的には主に他者との違いとして認識されるものであるが，常に個人の行動になんらかの形で影響を与え，発達過程を通じて維持されるが，その安定性と変化の割合には個人差がある。
渡邊（2010）	（性格とは）人がそれぞれ独自で，かつ時間的・状況的にある程度一貫した行動パターンを示すという現象，およびそこで示されている行動パターンを指し示し，表現するために用いられる概念の総称。

さらに，パーソナリティには時間的な要素も関わります。パーソナリティは現在という時間において，その特徴を現します。しかし，過去の経験や記憶は，現在のパーソナリティのあり方に影響を及ぼします。加えて，将来をどのようにみるか，将来を見通したり，希望をもったり，計画を立てたり，期待したりすることも，個人がもつパーソナリティに深く関わっています。個人がもつパーソナリティのあり方によっても，将来をどのようにみるかという個人差が生み出されていくのです。

このように，パーソナリティは個人の幅広い活動に影響を及ぼしていく，個人内の要因だということができるでしょう。

1.2 見えないもの

1.2.1 「明るさ」の場合

パーソナリティの「明るさ」というものを考えてみましょう。「明るい」という言葉を使ってはいるのですが，パーソナリティの「明るさ」は，電球や星のような「明るさ」とは違うものです。

電球や星の「明るさ」は，物理的な光ですので，機器を用いて測定することができます。ところが，パーソナリティの「明るさ」は，電球の明るさを測定する機器（照度計と呼ばれる機械があります）で測定するというわけにはいきません。

先にパーソナリティの定義をみたように，「明るさ」というパーソナリティは，生活のなかで多くの人が「明るさ」と呼ぶような一貫した行動パターンを生み出す，人間の内部にあると仮定されるプロセス全体を指すものです。そして重要なことは，そのプロセスが「目に見えない」ことなのです。

1.2.2 構成概念

パーソナリティの「明るさ」のような，直接目にすることができず，理論的に仮定された概念のことを，**構成概念**と呼びます。

1.2 見えないもの

　構成概念は性格だけではありません。たとえば「あの人，頭いいよね」というときの「頭の良さ」や，「あなたは運動能力が高いよね」というときの「運動能力」は，どこに存在するのでしょうか。

　頭の良さは，テストの点が良いことではないか，と思うかもしれません。しかし，たまたま体調が悪く，テストで良い点が取れなかったら，そのときは「頭が悪い」と判断するのでしょうか。たまたま足に怪我をして運動能力テストに臨んで良い結果が得られなかった場合は，「運動能力が低い」と判断されてしまうのでしょうか。そのように判断するわけではないはずです。

　パーソナリティも同じです。本当は明るいパーソナリティの持ち主であったとしても，テストで良い成績が取れず落ち込んでいたり，失敗してしまったり，友人とけんかをしていたりするときであれば，おもてに現れる行動は，明るいものではなくなってしまうことでしょう。

　おもてに現れる行動は，性格そのものというわけではありません。行動は状況によっても影響を受けるからです。

　たとえば，いくらおしゃべりな性格の持ち主であったとしても，葬儀に参列しているときにはしゃべる行動は抑制されるはずです。その一方で，とてもおしゃべりなパーソナリティの持ち主は，レストランにいるときにはおしゃべりではない人よりもよくしゃべる傾向にあることでしょう。また，葬儀に参列しているときでも，全然おしゃべりではない人よりは，ひそひそと話をする傾向にあるかもしれません。

　このように，パーソナリティは直接的に観測できるようなものではありません。そして，ある行動には，パーソナリティが直接そのまま反映するわけではありません。行動は，パーソナリティと環境・状況の要因と，双方が影響を及ぼす形で現れるといえるのです（図 1.1）。

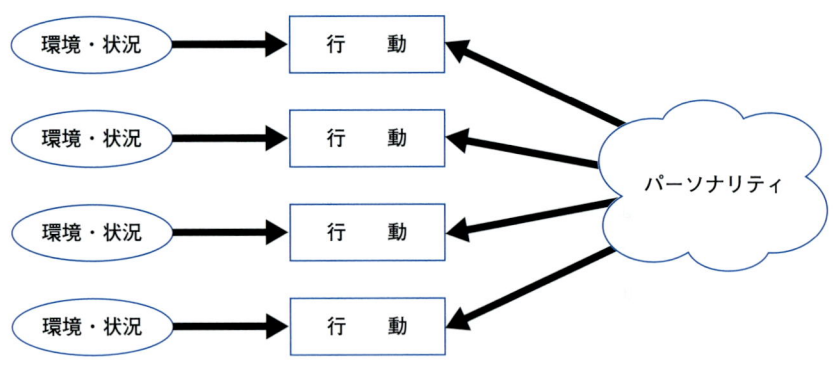

図1.1 パーソナリティと環境・状況が行動に影響を与える（小塩, 2010より）

1.3 パーソナリティへの関心

1.3.1 『人さまざま』

　人々がパーソナリティ（性格）に関心をもちはじめたのは，けっして最近のことではありません。紀元前300年頃，古代ギリシャの哲学者・植物学者のテオプラストス（BC371-BC287）は，『人さまざま』という作品を残しています（テオプラストス　森（訳），2003）。次に示すのは，「おしゃべり」という一節です。

　　おしゃべりとは，もし人がそれを定義しようとすれば，抑制のきかぬ話しぶりと考えられるだろう。そこで，おしゃべりの人とは，およそつぎのようなものである。
　　すなわち，ばったり出くわした知人に，もしその知人が彼になにか話でもしようものなら，そのお話は無意味ですね，とか，こちらはすべて先刻承知なんです，だからこの私に聞いてもらえれば，おわかりになるでしょう，などと言う。そして，相手が答えている最中にそれをさえぎり，「お忘れになってはいけませんね，いまあなたが言おうとしていれることは，以前にあなたがおっしゃったことですよ」とか，「これは

1.3 パーソナリティへの関心

これは，私に思い出させてもらって，お礼を申します」とか，「ですからおしゃべりも，なかなか有益なものですね」とか，「言い残したことなんですが——」とか，「まことに早く，あなたはそのことを呑みこんでくださいましたね」とか，「ずっと前から，私はあなたをじっと観察してきたんですよ，はたして私と同じ結論に到達されるだろうか，とね」。そして，これに類した話のきっかけを，つぎつぎと見つけ出すものだから，出逢った相手は，息をつぐひまもない。

そして，これも彼のよくやることだが，彼らの1人1人を相手どって降参させると，今度は，集合している人たちの方へも向かってゆき，その人たちは仕事をしている真最中だというのに，彼らをもこそこそ逃げ出させるのだ。

また，学校や体育場へはいれば，子供たちの勉強のはかどりを妨げる。じつにそれほどまでも，彼は体育の教師やほかの先生たちにおしゃべりを吹っかけるわけだ。

また，暇を告げる人があると，そのお伴をつかまつり，家まで送りとどけるのも，彼のつねにやることだ。

また，民会からの情報を知るや，それを人に伝えるのだが，そのさいなおつけ加えて，アリストポン治下の頃，かつて行なわれた戦争とか，リュサンドロスの時代に，スパルタを相手にした戦争などを詳しく話し，さらに，昔自分が，民衆の前で話して大いに名をあげた演説に及ぶ。しかもその話をしているときに，民衆への悪口をさしはさんだりするものだから，聞き手の方は，話の本筋を忘れるものもあれば，居眠りをするものもあり，あるいは中途で彼を置きざりにして，たち去ってゆくものもある。

また，裁判の陪審員となれば，その評決をさまたげ，一緒に劇を観れば，その見物を，宴席を共にすれば，その食事を，それぞれ妨げるのだが，そのさい彼の言うことはこうだ。おしゃべりに沈黙せよというのは無理というものです，とか，この舌は，動きがなめらかでしてね，とか，

たとい燕よりおしゃべりだと思われましょうとも，黙っているわけにはゆきませんよ，とか。

そして，彼自身の子供たちがもう眠くなり，パパ，眠りが私たちをおそってくれるように，なにかおしゃべりをしてくださいな―そんな言いぐさで彼に頼むようなときでも，わが子たちからそんなふうにからかわれながら，彼はそれにじっと耐えている。

(テオプラストス『人さまざま』岩波書店　pp. 34-36 より)

古代ギリシャと現代の日本，地理的にも歴史的にも大きく隔たっているのに，このような人物が現在でも思い浮かぶように思えるのは，面白いところだと思います。この『人さまざま』には，他にも「けち」「噂好き」など30の記述が掲載されています。17世紀のフランスの思想家ブリュイエールや，19世紀のイギリスの心理学者ベインも，この『人さまざま』に興味をもち，これを翻訳したり真似た性格描写をしたりしています。

1.3.2　パーソナリティ心理学の周辺

人間のパーソナリティ（性格）を描写する試みには長い歴史があるのですが，パーソナリティ（性格）が学問として扱われるようになったのは比較的最近であり，ドイツの哲学者バーンゼンが1867年に『性格学への寄与 (*Beiträge zur Charakterologie*)』という本を書いたのが最初だといわれています（依田，1968）。ただし，このバーンゼンの本も，現代の心理学からみると，非常に哲学的・思索的なものでした。

歴史的に，パーソナリティ心理学の周辺にはいくつかの学問が誕生してきました。それらをまとめたものを，表1.4に示します。

相貌学は，古代ギリシャのアリストテレス（BC384-BC322）にまでさかのぼることができる学問・技術です。相貌学では，眉毛や耳，鼻，唇の形状が，その人のパーソナリティと1対1で対応づけられていきます。

骨相学は，18世紀にガルによって確立された学問です。ガルは，多くの

1.3 パーソナリティへの関心

表1.4 パーソナリティ心理学周辺の学問

名　称	内　容
相 貌 学 (Physiognomy)	人間の外見，とくに顔面の形状や表情などから，その人の特徴を読み取ろうとする学問・技術。
骨 相 学 (Phrenology)	相貌学から発展した。特定の頭（頭蓋骨）の形状と，人間の能力とを対応付けようと試みた学問。
筆 跡 学 (Graphology)	筆跡が筆者のパーソナリティを反映しているという考えに基づく学問。

人物の頭蓋骨を比較するという方法で，人間の頭蓋骨の形状とさまざまな能力との関連を論じようと試みました。骨相学では，特定の脳の部位と精神機能とが対応づけられていたのですが，これは現在の大脳神経科学における，大脳の特定部位がそれぞれ異なる機能を担っているという脳機能局在論に似ています。日本では1912年，「心理研究」という雑誌に富士川が骨相学と手相について紹介する記事を執筆しています（富士川, 1912）。

　筆跡学の歴史も古く，17世紀にイタリアの医者であり大学教授であったバルドーや，哲学者ライプニッツが，筆跡にはパーソナリティが現れていることを述べているということです（依田, 1968）。その後，20世紀に入るととくにドイツにおいて盛んに研究されました。

　現代の科学的なパーソナリティ研究では，相貌学や骨相学，筆跡学のような，人間の特徴とパーソナリティを1対1で即座に対応づけることは難しいとされています。さらに現在では，顔写真をコンピュータに取り込んで顔の特徴を数値化することも，CTやMRIで生きている人間の大脳の形状を測定することも，ペンタブレットで筆圧や筆跡の特徴を記録することもできます。

　たとえば，大脳サイズと知能検査の結果（IQ）との関連を調べた37の研究をメタ分析という手法でまとめた論文があります（McDaniel, 2005）。その結果によると，1,530名分の（生きた人間の）大脳サイズとIQとの間の相関係数は，$r = .33$ という結果であり，関連がないわけではないけれどもそれほど高い値ではないという結果でした。またたとえば古澤（2007）は，

筆跡学でいわれている診断と心理学的な方法論を用いた筆跡とパーソナリティの関連を検討した研究を概観し，筆跡診断と研究結果が部分的にしか一致しないことを明らかにしています。

参考図書

日本パーソナリティ心理学会（企画）（2013）．パーソナリティ心理学ハンドブック　福村出版
　現在のパーソナリティ心理学の全体像を映し出す内容となっています。

二宮克美・子安増生（編）（2006）．パーソナリティ心理学（キーワードコレクション）　新曜社
　パーソナリティ心理学を多くのキーワードと説明で学ぶ内容で構成されています。

榎本博明・堀毛一也・安藤寿康（2009）．パーソナリティ心理学――人間科学，自然科学，社会科学のクロスロード――　有斐閣
　パーソナリティを多様な観点から記述する試みがみられるテキストとなっています。

第2章

分けること

「私，ああいうタイプの人，苦手なのよね」
「どういうタイプの人？」
「自分のことばっかりしゃべっている人」
「いるよね，そういうタイプの人」

　普段の会話のなかで誰かの特徴を表現するとき，「タイプ」という言葉を使うことがあります。この言葉は，人々をいくつかのグループに分け，そのグループの典型的な特徴を示すことで，その人の特徴を表現しようとするものです。

　それに対し，学校の国語のテストを思い浮かべてください。テストには0点から100点までの得点範囲があり，けっして「成績が悪い」「成績が良い」と境目が明確に分かれているわけではありません。

　国語のテストのような場合には，そのテストを受けた生徒たちを低い得点から高い得点まで，順に並べることができます。これは，細かくみると「テスト得点が50点のグループ」や「51点のグループ」「49点のグループ」がいることにもなるのですが，その上下関係が決まっていることと，その幅が細かく定められていることに特徴があります。

　この2つの物事の見方は，性格というものの考え方にも反映します。ここからは，このような性格の考え方について学んでいきましょう。

2.1 類型論

2.1.1 分類する

パーソナリティを考える際に，人々を少数のグループに分け，それぞれのグループに典型的な特徴を記述する，という手法が用いられることがあります。このようなパーソナリティの記述方法のことを，**類型論**と呼びます。

この「分類する」という考え方は，人間が物事を整理して理解する方法そのものであるということもできます（三中, 2009）。これは人間が物事を整理するときに，当たり前のように行う方法を人間に当てはめたものです。類型論は古くから存在しており，長い歴史があります。

2.1.2 四気質説

類型論の歴史は古く，記述されたものとしては古代ギリシャ時代にまでさかのぼることができます。しかし，おそらく人間が複数のグループに分けて人間を理解しようとすることは，もっと古くから行われていたことでしょう。

紀元前400年頃の古代ギリシャ時代，ヒポクラテスは人間の身体に4種類の体液（血液，黄胆汁，黒胆汁，粘液）が存在しており，それらの混合具合によって異なる病気が発症するという，四体液説を唱えました。そして，紀元100〜200年頃，ローマやギリシャで活躍した医師ガレノスが，ヒポクラテスの考え方を発展させ，**四気質説**と呼ばれる，人間の類型を考えました。四気質説では，4つの体液に対応した4つの気質（多血質，胆汁質，憂うつ質，粘液質）が想定されています（表 2.1）。この四気質説は，ルネサンス期のヨーロッパにも伝わり，多くの学者や作家，芸術家が参考にすることとなりました。たとえば，中世ヨーロッパで盛んに行われた瀉血治療（患者の血液を抜く治療方法）は，この四気質説に基づいて血液の量を調整し，体液のバランスを回復させるという意味をもちます。

現在でも，この四気質説は多くの記述のなかにみつけることができます。しかし，現在の科学的な研究においては，四気質説そのものを研究対象とす

表 2.1 四気質説の特徴

体液	気質	特徴
血液	多血質	快活，明朗，社交的，気が変わりやすいなど。
黄胆汁	胆汁質	せっかち，短気，積極的，興奮しやすいなど。
黒胆汁	憂うつ質	用心深い，消極的，敏感，悲観的，無口など。
粘液	粘液質	冷静，勤勉，冷淡，粘り強さなど。

ることはなくなってしまいました。

2.1.3 体格とパーソナリティ

　また，20世紀初頭に，ドイツの精神医学者クレッチマー（Kretschmer, E.）は，体格と気質との関連を提唱しました。クレッチマーは，気質を血液や体液など内分泌機構によって定まるもの，性格は個人の自発的な反応の総和であり，遺伝に経験が加わったものだと述べています（クレッチマー，1944）。

　クレッチマーは独自のチェックリストを作成し，精神科入院患者の体格を調べる研究をしていました。そのデータを集めるなかで，体格を3種類に類型化していきます。第1に，体の厚みよりも長さが目立つ体格であり，肉付きが少ない「細長型」です。第2に，骨格と筋肉，皮膚がよく発達した体格である「闘士型」です。そして第3に，胸部や腹部に脂肪が蓄積しやすく，丸みを帯びた体格の「肥満型」です。

　クレッチマーは観察によって，細長型の体型は統合失調症患者に多く，肥満型の体型は躁うつ病に多いことを見出しました。さらにその後，闘士型の体型とてんかんとの関連が報告されるようにもなりました。

　これらの精神疾患には病前性格と呼ばれるものがあります。これは，特定の精神疾患に至る前の正常な状態でもみられる，その精神疾患に至りやすいと考えられていたパーソナリティ（ここでは気質と呼ばれています）のことです。細長型の統合失調症に対応するのは分裂気質と呼ばれ，内気で真面目，臆病で従順といった特徴をもちます。肥満型の躁うつ病に対応するのは躁う

つ気質（循環気質）と呼ばれ，社交的で善良，明るくユーモアがあり気分の変動が大きいといった特徴をもちます。闘士型のてんかんに対応するのは粘着気質と呼ばれ，物事に執着して秩序を好み，融通が利かないなどの特徴をもちます。

2.1.4 その他の類型論

シェルドン（Sheldon, W. H.）は，男子学生4,000名の体格を調べることで，体格には3つの基本成分があることを見出しました。また，過去の文献からパーソナリティを表現する用語を整理し，3つの気質を見出しました。シェルドンはこれらの整理に基づき，次の3つの類型を提唱しました。第1に，体型が丸く肥満型の内胚葉型であり，この体型の持ち主はくつろぎや安楽，食にこだわる内臓緊張型という気質の持ち主です。第2に，骨や筋肉の発達が目立つ中胚葉型であり，この体型は大胆で活動的，自己主張が強い身体緊張型と呼ばれる気質に関連します。第3に，神経系統や感覚器官，皮膚組織がよく発達した外胚葉型であり，この体型は控えめで過敏，披露しやすい頭脳緊張型と呼ばれる気質に関連します。これらのようにシェルドンの3類型は，クレッチマー説に近いものとなっています。

シュプランガー（Spranger, E.）は，生活のなかでどの領域にもっとも価値をおくかという価値志向によって，6つの価値観の類型を提唱しました（表2.2）。

表2.2 シュプランガーの価値6類型

名　　称	内　　容
理 論 型	物事を客観的に眺め，知識体系の追求に価値を見出す。
経 済 型	経済的利点からの実用的価値を重視し，蓄財を目的とする。
権 力 型	権力をにぎり，他人を支配することに価値をおく。
審 美 型	実生活に関心を示さず，芸術的活動に価値をおく。
社 会 型	社会福祉活動に価値をおく。
宗 教 型	聖なるものの恵みと救いの宗教的活動に価値をおく。

またユング（Jung, C. G.）は，心的エネルギーであるリビドーが個人の外部に向かうか内部に向かうかによって，類型化を行いました。リビドーが外部に向かい，外部の刺激に影響されやすい人を外向型，逆にリビドーが内部に向かい，自分自身に関心が集中する人を内向型としました。この外向型―内向型という類型は，特性論にも引き継がれていきます（第5章参照）。

2.2 類型論から特性論へ

2.2.1 見方の転換

古代ギリシャ時代から受け継がれてきた四気質説ですが，20世紀に入ると，人々を少数のグループに分類するという見方とは異なる視点がみられるようになってきます。それが，特性論というパーソナリティの見方です。

特性論では，カテゴリではなく，連続的な「量」としてパーソナリティを扱います。特性論そのものの詳しい説明は，次の章で行います。ここでは，カテゴリではなく連続的な量としてパーソナリティを考えることの意義について，説明しようと思います。

私たちは周囲にある物事を分類することで，自分が何者で，どこにいて，周囲がどのような世界であるのかを認識します。周囲の動物や植物を分類し，何が危険なのか，何を食べることができるのか，誰が敵で誰が味方なのか，このような分類をすることで，私たちは世界のなかで生き残ってきた，ということもできます。生物学者ヨーンは，このような物事を分類することで世界を認識することを，**環世界センス**と呼んでいます。類型論の見方というものは，このような人間にもともと備わっている素朴な物事の見方（環世界センス）を，人々を理解するために当てはめたものだということができます。

したがって，類型論から特性論への移行には，少し物事の見方を変える必要があります。それはまるで，話し言葉と書き言葉の関係のようなものです。私たち人間は，言語を話したり聞いたりすることは，何も教えられなくても獲得することができます。しかしその一方で，読み書きは訓練を受けないと

身に付けることができません。世界中には，今でも数多くの文字の読み書きができない文盲の人々がいます。教育の機会が与えられなければ，文字の読み書きを身につけることは難しいのです。

　類型論と特性論の考え方も同じです。物事を分類することで理解しようとする見方がもともと私たち人間に備わったものであるのに対し，次に述べる特性論は，それとはやや異なる見方をします。この考え方は，20世紀に入ってから広がった考え方であり，コンピュータや統計学の発展と深い結び付きをもちます。

2.2.2　人々を並べる

　身長について考えてみましょう。周りを見回せば，いろいろな身長の人がいることに気づきます。身長は「高い人」と「低い人」だけがいるわけではありません。非常に低い人から非常に高い人まで，人を並べていくとほんの少しの身長の差で順に並べていくことができます。そして中には，まったく同じ身長の持ち主もいることでしょう。さらにおそらく，中程度の身長の人がもっとも多く，極端な身長の人ほど少なくなるような様子がみて取れることでしょう。

　では実際に，人々を身長の順で並べてみると，どうなるでしょうか。文部科学省の学校保健統計調査の調査結果から，高校3年生の男子と女子の身長のグラフを描いてみると，図2.1と図2.2のようになります。

　身長を低い人から高い人へ（高い人から低い人へ）と並べていくと，中程度の身長のグラフの棒が一番高くなっており，その両側にはほぼ均等に，山のすそ野のような形で棒がしだいに低くなっていく様子が描かれます。ちなみに，この年の高校3年生男子の平均身長は170.7 cm，女子は158.0 cmです。男女のグラフいずれも，そのあたりがピークとなっていることがわかります。

2.2 類型論から特性論へ　　　21

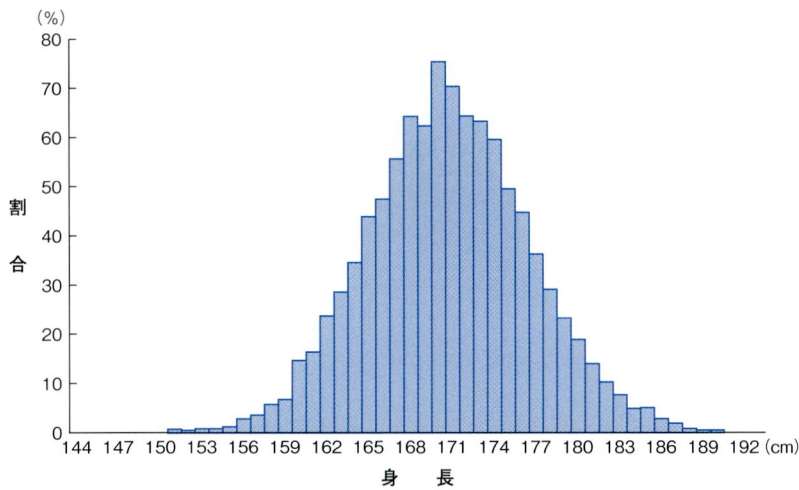

図 2.1 高校 3 年生男子の身長分布（平成 24 年度学校保健統計調査より）

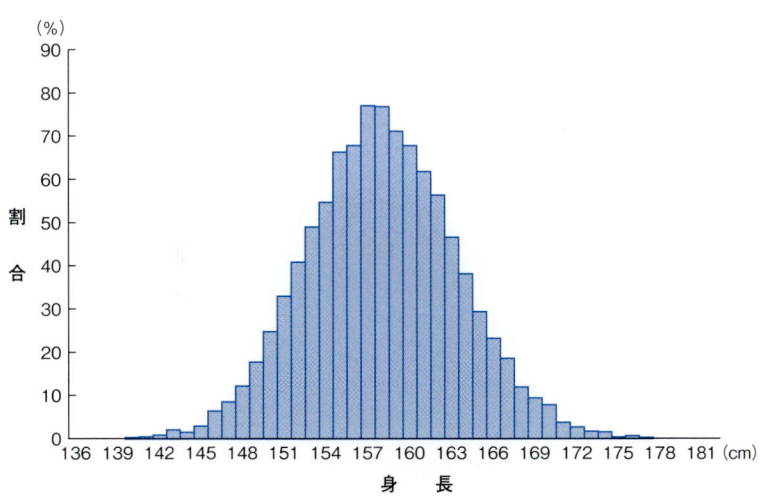

図 2.2 高校 3 年生女子の身長分布（平成 24 年度学校保健統計調査より）

2.2.3 学力試験の場合

身長のような，目に見える物理的な量ではないものについては，どうでしょうか。たとえば，文部科学省は全国の小中学生を対象として，全国学力・学習状況調査を行っています。平成25年の小学生児童の国語A（主として知識）のグラフをみてみましょう（図2.3）。このグラフは，横軸が正答数，縦軸が割合を表します。全国の小学生1,121,137人を対象に行われた調査の結果です。

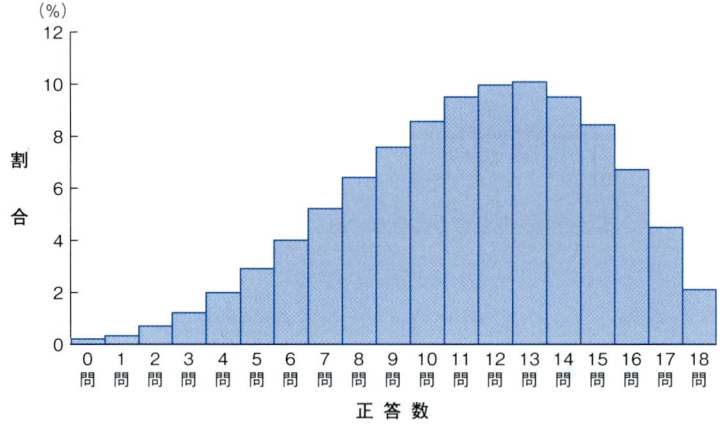

図2.3 平成25年全国学力・学習状況調査より小学生国語Aの得点分布
（国立教育政策研究所，2013に基づき筆者作成）

グラフをみると，身長と同じように，棒の高さがなだらかな形状になっていることがわかります。なおこの結果では，平均正答数は11.3問，中央値は12.0問ということでした。全体的に多くの児童が正答する問題でしたので，グラフの頂点がやや右側によっており，左側のすそ野が長くなっています。そのことから，平均値は11.3問と，グラフの頂点よりもやや左に位置するようになっています。

しかし重要なことは，学力のような目に見えない構成概念の測定であっても，身長と同じようになだらかなグラフを描くことができる，ということなのです。

2.2.4 パーソナリティの得点

では，パーソナリティの得点はどうなるでしょうか。図 2.4 は，10 個の質問からなる，優越感・有能感というパーソナリティの得点を図に描いたものです。それぞれに対して，「まったく当てはまらない（1 点）」から「とてもよく当てはまる（5 点）」までの 5 段階で回答を求めました。回答者は 500 名であり，得点段階ごとのパーセンテージを棒で表現しています。

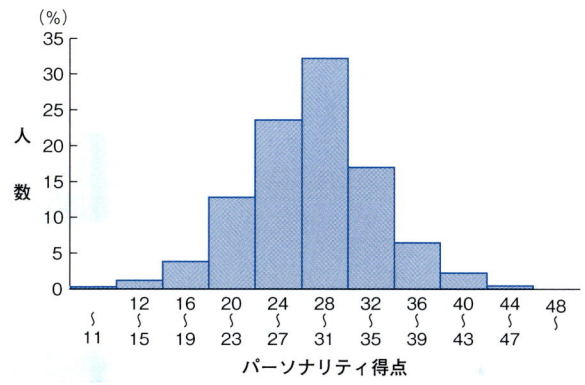

図 2.4　優越感・有能感得点の分布 （小塩，2010 より）

パーソナリティのような目に見えない構成概念を測定した得点であっても，身長と同じような，なだらかな得点分布を描くグラフが得られます。パーソナリティも，ある得点が非常に低い人から高い人まで，少しずつ変化すると考えることができるのです。

2.3 尺度水準

2.3.1 数字の意味

数字と意味との対応関係のことを，「尺度」といいます。たとえば，同じ「3」という数字を使っていても，それが電話番号の末尾の数字であるのか，建物の階数であるのか，オリンピックの 100 m 走の順位であるのか，ミカ

ンの個数であるのかによって，その使い方が変わってきます。

スティーヴンス（Stevens, S. S., 1946）は，この尺度水準を，「比率尺度」「間隔尺度」「順序尺度」「名義尺度」の4種類に整理しました。

2.3.2 4つの尺度水準

4つの尺度水準をまとめると，表2.3のようになります。

表2.3 4つの尺度水準とその内容

名 称	内 容
比率尺度	A. 同じものと異質なものを分け，B. 大小関係があり，C. 上下の幅が等しく，D. ゼロに意味がある。 （例）重さ，長さ，距離，絶対温度など。
間隔尺度	A. 同じものと異質なものを分け，B. 大小関係があり，C. 上下の幅が等しい。ゼロが「無」を意味しない。 （例）気温（摂氏，華氏），知能指数，学力試験の得点，パーソナリティテストの得点など。
順序尺度	A. 同じものと異質なものを分け，B. 大小関係がある。上下の幅は等しくない。 （例）競技結果の順位，売上げ順位，成績の順位など。
名義尺度	A. 同じものと異質なものを分ける。数字は用いるが大小関係がない。 （例）電話番号，背番号，誕生月など。

比率尺度とは，「A. 同じものと異質なものを分ける」「B. 大小関係がある」「C. 上下の幅が等しい」「D. ゼロに意味がある」という4つの意味をもつ数字です。**間隔尺度**とは，このうち「D. ゼロに意味がある」がない状態を意味し，A., B., C. だけの意味をもつことを意味します。**順序尺度**では，さらに「C. 上下の幅が等しい」という意味が失われて，A. と B. のみの意味が残った状態になり，**名義尺度**では「A. 同じものと異質なものを分ける」という意味だけが残ります。

表2.3には，それぞれの尺度水準の例も挙げてあります。

長さや重さなどは「ゼロ」に「長さや重さがないこと」という意味があり

ますので比率尺度になります。

　では，日本で使われている摂氏の温度（℃）はどうでしょうか。摂氏の温度にはゼロ度があります。しかしそのゼロは，何かが「ない」ということを意味するわけではありません。同じ温度でも，摂氏とアメリカなどで使われている華氏の温度では，ゼロの位置が異なっています。したがって，これらの温度は間隔尺度となります。

　オリンピックなどでの競技の順位は，順序尺度です。1位と2位の差が1分，2位と3位の差が1秒でも，順位に変動はありません。差の幅は関係がないのです。

　電話番号にも数字が使われていますが，そこに大小関係があるわけではありません。「私の電話番号のほうがあなたの番号よりも大きい」という話題を，耳にしたこともないのではないでしょうか。電話番号は数字を使っていますが，「違い」さえわかれば良いのです。

　さて，心理学で用いられる多くの数値（知能指数やパーソナリティ得点）は，間隔尺度で表されます。順序尺度であるという意見もありますが，多くの研究では間隔尺度として扱われています。知能指数やパーソナリティ得点に「ゼロ」という数値をつけることは可能です。しかしそれは，「知能がない」ことや「そのパーソナリティがない」ことを意味するわけではないのです。ですから，比率尺度ではなく間隔尺度として扱われるのです。

2.4 類型と特性の関係

2.4.1 尺度水準から考えると

　先ほど説明した尺度水準から考えると，類型論で表現されるパーソナリティと，特性論で表現されるパーソナリティは，それぞれどれに相当するでしょうか。

　類型論は，人々をいくつかのグループに分けます。それぞれのグループに数字を割りふったとしましょう。それはあたかも，小学校の1つの学年を，

クラス分けするようなものです。1組は「外向的な子どもたち」，2組は「やさしい子どもたち」，3組は「攻撃的な子どもたち」といったイメージです。このとき，クラスにつけられた「1」「2」「3」という数値は，名義尺度になります。

　特性論は，ある1つのパーソナリティの要素に注目し，それを量で表現します。たとえば，「外向性」に注目してそれを0点から100点で表現する，といったイメージです。ただし，「外向性が0点」となったとしても，それはその人に外向性が「ない」ことを意味するわけではありません。あくまでも，「他の人に比べて外向性が低い」ことを意味するだけです。したがって，先ほども説明したように，このような表現の仕方は，間隔尺度に相当します。

2.4.2　尺度水準の変換

　先ほど説明したように，尺度水準は，比率尺度，間隔尺度，順序尺度，名義尺度の順でしだいに数値が表す意味が少なくなっていきます。そして，比率尺度に近づくほど高い尺度水準，名義尺度に近づくほど低い尺度水準と表現することもあります。

　そして尺度水準は，変換することができます。しかし，高い尺度水準にも低い尺度水準にも変換できるわけではありません。変換できるのは，高い尺度水準から低い尺度水準に向かってという，一方向に限られています。この関係を表したのが，図 2.5 です。

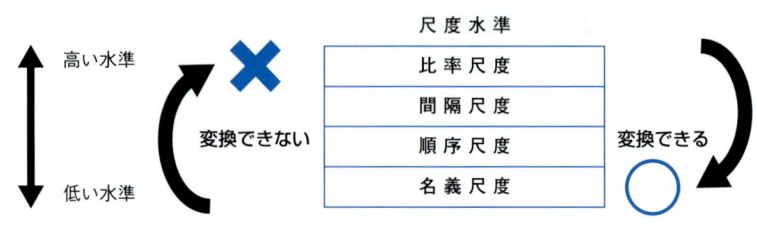

図 2.5　尺度水準と変換（小塩，2010 を改変）

たとえば，身長は長さですので比率尺度です。人々の身長（cm）から，「背が高い順」に並べ，順位をつけることができます。これは，比率尺度から順序尺度に変換したことを意味します。また，平均身長を基準に，「背が高い人」と「背が低い人」に分類することもできます。これは，比率尺度から名義尺度に変換したことを意味するのです。

さらに，いったん身長が順位で表現されてしまうと，もとの「何 cm」という情報は失われます。これは，「身長が高い」「身長が低い」と表現された場合も同じです。「あの人は身長が高いグループにいる」という情報だけからは，「その人の身長が何 cm か」という情報を得ることはできないのです。このようなことから，尺度水準の変換は一方向に限られている，ということができるのです。

2.4.3　類型論と特性論の場合

では，パーソナリティの類型論と特性論の関係も，同じようなものだといえるでしょうか。

たとえば，得点が高いと「外向性」，得点が低いと「内向性」を意味する 100 点満点の指標があるとします。0 点に近づくほど「内向性」を意味し，100 点に近づくほど「外向性」を意味します。そしておそらく，身長や学力のように，中央（50 点）付近の得点を多くの人がとり，極端に内向的な人も，極端に外向的な人も少なくなると予想されます。

このようなとき，「内向的な人」と「外向的な人」に分類するというのは，どういうことでしょうか。それは，図 2.6 にあるような区切り位置を設けて，それよりも低い得点の人（30 点や 40 点の人）を「内向的な人」，高い得点の人（60 点や 70 点の人）を「外向的な人」と類型化することです。そしてこれは，「内向性←→外向性」という間隔尺度で表される指標から，「内向的な人」「外向的な人」という名義尺度で表される指標へと変換したことを意味しています。

そしてこの変換も，先ほどと同じように方向性は限られています。もとの

区切り位置

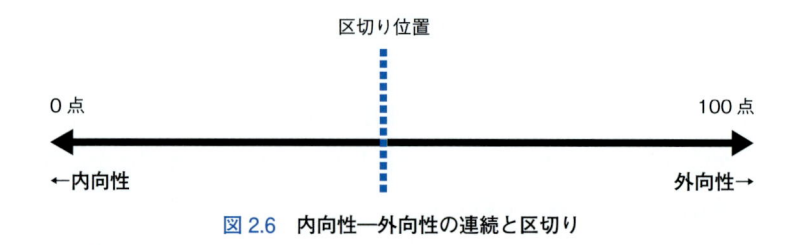

0点　　　　　　　　　　　　　　　　　　　100点
←内向性　　　　　　　　　　　　　　　外向性→

図 2.6　内向性—外向性の連続と区切り

　連続的な得点をある得点で区切り，「高い群」「低い群」に分けることはできますが，「内向的な人」「外向的な人」という情報だけから，その人が何点の持ち主であるかを判断することはできません。

2.4.4　区切り位置

　外向性群と内向性群を区切る位置は，ほぼ中央に位置しています。しかし，先ほどみた身長の分布を思い出してください。この位置は，もっとも人々が集まるところではないでしょうか。

　区切り位置が 50 点のところにあるとします。すると，49 点の A さんは「内向的な人」，51 点の B さんは「外向的な人」と，たった 2 点差にもかかわらず，正反対の群に分類されることになります。もう 1 人，71 点の C さんがいるとします。B さんと C さんは 20 点も差が開いているにもかかわらず，この分類方法に従えば，同じ群に属することになります（図 2.7）。

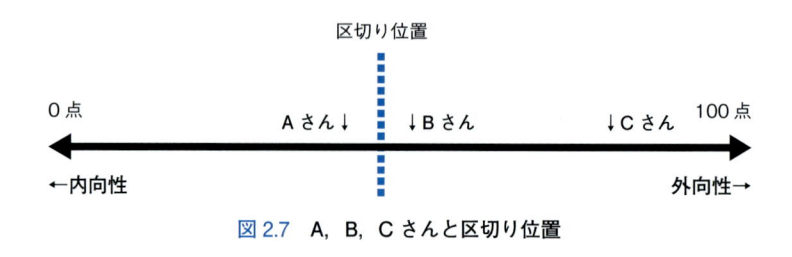

区切り位置

0点　　　Aさん↓　↓Bさん　　↓Cさん　100点
←内向性　　　　　　　　　　　　　　　外向性→

図 2.7　A，B，C さんと区切り位置

　これは区切り位置が良くないのでしょうか。そうではありません。どの場所で区切っても，その区切りの前後では同じ問題が生じてしまうのです。

もしも内向性から外向性までを，連続的な得点として表現していれば，AさんとBさんは2点差，CさんとBさんは20点差ですので，AさんとBさんがほぼ同じで，Cさんがより外向的であると判断することができます。特性論の考え方の利点は，このような表現の詳細さにあると考えることができます。

2.4.5 複数の特性

ここでは，内向性と外向性を両極とするパーソナリティ特性を例として挙げました。特性論の考え方では，このような数直線で表されるような得点を，他にも設定することができます。たとえば，「外向性」の他には「やさしさ」「まじめさ」「かしこさ」「自信」「好奇心」など，考えられるものは数多くあります。

類型論の考え方では，ある人がこれらのうちの「いずれかをもつ」ということになります（あるいはいずれかだけが「顕著である」という考え方です）。その一方で特性論の考え方では，これらの要素は「すべての人が共通してもつ」ことが想定されます。そして，人と人との違いはその「量」で表されます。「あの人はやさしくない」という場合，「やさしさがない」ことによってではなく，「やさしさの量が他の人々よりも少ない」ことによって表されるということです。

参考図書

鈴木公啓（編）(2012)．パーソナリティ心理学概論――性格理解への扉―― ナカニシヤ出版

　パーソナリティ心理学とその周辺への広がりをバランスよく配置した内容で構成されています。

小塩真司・中間玲子（2007）．あなたとわたしはどう違う？――パーソナリティ心理学入門講義―― ナカニシヤ出版

　遺伝から精神分析学まで，初学者が幅広く学ぶための内容となっています。

第3章

パーソナリティ用語の探求

　自分自身や身近な人，頭に思い浮かぶ人のパーソナリティを表す言葉を，思いつくだけ挙げてみてください。いったい，いくつの言葉が思い浮かぶでしょうか。ぜひ，メモを取りながら思い浮かべていってみてください。

　辞書には，数万語以上の言葉が掲載されています。そのなかで，人間のパーソナリティを表現する言葉は，いくつみつかるでしょうか。これもぜひ，予想を書いてみてください。

　これまでの心理学の歴史のなかで，このような問題に取り組んだ研究者がいます。日本でもこのような試みは行われているのですが，実際にいくつの言葉がパーソナリティを表現するものとしてみつかっているのか，先ほど答えた予想と照らし合わせながら読み進めていってください。

3.1 言葉を探す

3.1.1 単語に注目する

　人間のパーソナリティの表現は普段人々が使用している言葉のなかに反映されており，あるパーソナリティの重要な表現はそれぞれの単語のなかに組み込まれているという仮定を，語彙仮説といいます。また，このような仮定に基づいて，後に述べるように辞書に掲載されている単語からパーソナリティ特性を探索していく研究を，心理辞書的研究（psycholexical studies）や心理辞書的アプローチといいます。

　パーソナリティは言葉のなかだけに存在するのでしょうか。必ずしもそういうわけではないかもしれませんが，ある人間の特徴を理解するためには，言葉は不可欠です（このテキスト自体も，言葉が使われています）。

　では，「言葉を使わずにパーソナリティを表現する」ことはできるでしょうか。たとえば「こんな感じ」と身振りで示したとしましょう。しかし，「それはどんな感じのパーソナリティなのですか」と尋ねられれば，言葉で表現せざるを得ないように思います。

　そして，ある特徴が人々に共通して認識されているのであれば，それは日常的に使われている言葉に反映していると考えられます。この仮定は，それほど無理のあることではないように思います。

3.1.2 語彙を集める試み

　最初に言葉に注目し，そこに表現された人間の特徴を収集することで，人間のパーソナリティ全体を把握しようとするアイデアを提唱したのは，イギリスの統計学者で人類学者・遺伝学者のゴールトンでした（Galton, F., 1884）。ゴールトンは辞書から1,000語にも及ぶ人間の人格（character）を表現する言葉を抜き出し，それを整理する可能性を示しました。

　その後しばらくの間，このような試みを行う研究者は現れなかったようなのですが，20世紀に入ると何名かの研究者がふたたびこの試みを行うよう

になります。

　1910年にアメリカの心理学者パートリッジは，著書のなかで精神特性（mental traits）を表現する形容詞を750語挙げました（Partridge, G. E., 1910）。1926年，アメリカの心理学者パーキンスは，収録語数40万語以上の『ウェブスター新国際辞典』から，3,000語を抜き出し整理することで，もっとも重要な50の一般的特性語を選択したことを報告しています（Perkins, M. L., 1926）。同年，ゲゼルは未完成ながらも，人間の行動を表現する形容詞の整理を試みました（Gesell, A., 1926）。また同じ頃ドイツでは，クラーゲス（Klages, L., 1926）が，人間の内的状態を表現する用語として4,000語を抽出しています。同じくドイツのバウムガルテン（Baumgarten, F., 1933）は，複数の辞書や古典的な性格理論からドイツ語のパーソナリティ用語リストとして941の形容詞と688の名詞を抽出し，1,093語に整理しました。

3.1.3 オールポートの研究

　1936年，アメリカのパーソナリティ心理学者オールポートと助手のオドバートが，現代のパーソナリティ研究につながる論文を発表します（Allport, G. W., & Odbert, H. S., 1936）。彼らは，『ウェブスター新国際辞典』から17,953語のパーソナリティや個人の行動を反映する単語を抽出しました。オールポートとオドバートは，これらの単語を「a. パーソナリティ特性を表す言葉」「b. 一時的な状態・気分・活動を表す言葉（例：恐れ，喜びなど）」「c. 道徳的なふるまいや世間での評判といった価値判断を表す言葉（例：優秀な，平均的など）」「d. 身体的な特徴・能力・その他」，という4つのカテゴリに分類しました。そして，このうち「a. パーソナリティ特性を表す言葉」だけで，4,504語もあることを見出しました（Allport & Odbert, 1936）（図3.1）。

PART C: A LIST OF TERMS IN THE ENGLISH LANGUAGE CHARACTERIZING PERSONAL BEHAVIOR AND PERSONALITY

COLUMN I Neutral Terms Designating Possible Personal Traits	COLUMN II Terms Primarily Descriptive of Temporary Moods or Activities	COLUMN III Weighted Terms Conveying Social or Characterial Judgments of Personal Conduct, or Designating Influence on Others	COLUMN IV Miscellaneous: Designations of Physique, Capacities, and Developmental Conditions; Metaphorical and Doubtful Terms
abandoned abject abrupt absent-minded absolutist absorbent abstemious abstentious abstinent abstruse academic accelerative accendible accessible accommodating accordiable accostable accrescent accretive accroaching accurate acerbate acharné, F. acquiescent acquisitive acrobatical active acute adamantean	abashed ablaze absent absorbed abstracted abusive accusing acrimonious	A abnormal absorbing absurd abundant acceptable accidental acclaimed accomplished accountable accountless accumbrous accursed acknowledged addle-brained	able abortive abrasive absinthine absolute abstract abstractive abysmal acanaceous acaroid accidental accipitral acentric acerb acerbic acescent acetose Achatean Acherontic Achillean achromic aciculate acid acidiferous acidulous acquainted acquired acranial acrid acronarcotic adagio adaptive addicted Addisonian

図 3.1 オールポートとオドバート（1936）の単語リスト（Allport & Odbert, 1936 より）
"a" から始まるページのみを表示。このようなリストが "z" から始まる単語まで続く。

3.2 世界各国における特性語の探求

パーソナリティ特性語の探求は，英語圏だけで行われているわけではありません。ここでは，ヨーロッパを中心とした動向をまとめてみたいと思います。

3.2.1 オランダの研究

オランダ語の辞書[1]から語彙を抽出するプロジェクトは，1970年代に始ま

りました（Brokken, 1978）。約20万語の語彙数から，8,690語が「人間に当てはめることができる可能性のあるすべての形容詞」として選択されました。そしてそのなかから，安定したパーソナリティ特性として6,055語，さらにそこからパーソナリティを記述可能な語として1,203語，同義語・反意語をまとめることで551のパーソナリティ特性語を抽出しています（De Raad, 1992）。

3.2.2 イタリア語

イタリアのパーソナリティ心理学者カプララたちは，約4万語が収録されたイタリア語辞書から1,337語の形容詞からなる特性関連語を抽出しました。またそこから，492語の「パーソナリティを記述するのにもっとも有用な形容詞」が選択されました（Caprara & Perugini, 1994）。

イタリア語に関しては，トリエステ地方の言語でも心理辞書的研究が行われています（De Raad, 2000）。約13万語から4,437語がパーソナリティ特性に関連する語として抽出され，最終的に314の形容詞に整理されました。

3.2.3 ドイツ語

ドイツでは，約9万7,000語収録の辞書から語彙を抽出する試みが行われています（Angleitner, Ostendorf, & John, 1990）。

収録された形容詞1万1,600語のうち4,827語がパーソナリティ特性を記述するものとして選択されました。そして最終的に，430の形容詞が典型的なパーソナリティ用語として整理されています。

3.2.4 ハンガリー語

英語やドイツ語，イタリア語，オランダ語などは広くインド・ヨーロッパ

---

[1] "*Van Dale's Great Dictionary of the Dutch Language*" の第9版（1970年）が使用されました。

語族に属しています。そこで，インド・ヨーロッパ語族に属していないハンガリー語についても語彙の検討が行われました。ハンガリー語は，ウラル語族に属しています。

　約7万語のハンガリー語辞書から3,644語がパーソナリティ特性を記述するものとして選択されました（De Raad & Szirmak, 1994；Szirmak & De Raad, 1994）。そして最終的に，561語の特性用語に整理されています。

3.2.5　その他の言語

　その他，いくつかの国でも同じような試みが行われています。

　チェコ語では4,513語がパーソナリティ特性に関連する用語として抽出され，358語にまとめられました。ポーランド語では2,027語が抽出され，287語にまとめられています。フィリピン語では6,900語が抽出され，502語にまとめられました。

　このように，いずれの言語からも最終的に数百のパーソナリティ特性語が抽出されてきています。

3.3　日本におけるパーソナリティ用語の探求

3.3.1　特性名辞研究

　1950年代，広島大学の古浦一郎は，日本語でのパーソナリティ特性語の整理を試みました（古浦, 1952）。昭和3〜4年版の『大日本国語辞典』に掲載されていた約20万語から，6,575語を抽出し，これらのうち1,796語の分類を試みました。これを，第1類「名詞的特性名辞」，第2類「形容詞的特性名辞」，第3類「動詞的特性名辞」，第4類「副詞的に使用される語」，第5類「死語」に分類し，第1類から第3類までに1,796語が分類されることを示しました。さらにこれらの語を，「年齢に関するもの」「知能及び知識に関するもの」「嗜好に関するもの」など25のまとまりに詳細に分類していきました。

3.3.2 青木の心理辞書的研究

千葉大学の青木孝悦は 1970 年代に，一連の日本語の心理辞書的研究を行いました（青木, 1971）。辞書は約 6 万 6,000 語が収録された『明解国語辞典』を使用しています。この辞書の収録語のなかから，何らかの意味で人あるいは人の状態を，他の人または他の人の状態と区別するのに用いられる言葉を選択するという作業を数人で行い，3,862 語を選択しました。

青木はさらに，類語辞典や反対語辞典を参照するなどして語を増やしたうえで，オールポートとオドバートの研究にならって，表 3.1 のように語の分類を設定しました。6 名が各語を分類したところ，6 人中 4 人以上が一致したのは 2,193 語でした。このうち，第 1 カテゴリに分類された 517 語を基礎とし，いくつかの語を取捨選択して 455 語をパーソナリティ特性語としました。そしてこの 455 語を用いて調査を行い，それぞれの語がどの程度望ましいか，またどの語の使用頻度が高いかなどを整理しました。

表 3.1 青木による語の分類カテゴリ（青木, 1971 より）

カテゴリ	例
1. 個人の傾向性という実在に対応する中性語，一貫して永続的な意味をもつ用語	愛想のよい，開け広げな，あきっぽい，あっさりした，甘えのある，荒々しいなど。
2. 良い悪いの評価，印象，検閲的，賞賛，非難などを表現する用語	愛らしい，青臭い，垢抜けた，浅ましい，あだっぽい，厚かましいなど。
3. 一時的気分，情緒的状態，ある時点での刺激によって触発された行動の形態，体型，生物学的特徴を述べる用語	青い，青黒い，青白い，青瓢箪，赤ら顔，浅黒いなど。
4. 形容語というより類型をまとめて特徴を述べる用語	田舎者，売れっ子，右派，英雄など。

また青木は，先の 455 語に 125 語を加えた 580 語について，分類したうえで調査を行いました（青木, 1972）。そして因子分析結果を参考にしながら，66 個の対になったパーソナリティ特性語に整理しました（表 3.2）。青木は

表3.2 青木によって整理された特性語（青木, 1972より）

1	ゆっくり話す――早口にいう		34	熱中する――上の空の
2	口重い――おしゃべり		35	辛抱強い――根気のない
3	それとなくいう――ずけずけいう		36	筋を通す――やめてしまう
4	流ちょうに話す――話し下手		37	不言実行の――口先だけの
5	あっさりという――くどくど話す		38	エネルギッシュな――気力に欠ける
6	悪くいわない――人をけなす		39	責任感のある――責任を回避する
7	ごまかさない――出まかせをいう		40	ファイトのある――やる気のない
8	社交的――つき合いの悪い		41	向うみずな――弱腰な
9	気軽な――腰の重い		42	肝の座った――小心な
10	明るい――沈んだ気分の		43	自信の強い――心細がる
11	楽観的――悲観的		44	図太い――恥しがる
12	茶目っ気のある――ふざけることのない		45	他人をあてにしない――依存的になる
13	気楽な――気使いの多い		46	自分でやる――人にやらせる
14	愛嬌のある――つっけんどん		47	気まえのいい――出しおしみする
15	思いやりのある――冷酷な		48	自主的な――主体性のない
16	協調的――身勝手な		49	向上心のある――探求心のない
17	慎み深い――押しつけがましい		50	興味の広い――くわず嫌いの
18	控え目な――差し出がましい		51	利害を考えずにやる――利己的な
19	節度のある――極端にはしる		52	頭の回転速い――うとい
20	折り目正しい――振舞が粗雑な		53	要点を的確につかむ――ピントはずれ
21	純真な――ひねくれる		54	てきぱきした――ぐずな
22	かざらない――大げさな		55	先をみる――視野の狭い
23	素直な――意地っ張り		56	融通のきく――形式的
24	きさくな――気どる		57	アイデアのよい――創造力のない
25	寛大な――心の狭い		58	押えのきく――統卒力のない
26	のんびりした――あせる		59	器用な――不器用な
27	おだやかな――激し易い		60	間違の少ない――誤りの多い
28	念入りな――なげやりな		61	物憶えのよい――忘れっぽい
29	手堅い――気まぐれな		62	感受性の強い――鈍感な
30	沈着な――うろたえる		63	分析的――直観的
31	用心深い――軽卒な		64	実際的――理念的
32	考え深い――早合点する		65	進歩的――保守的
33	淡々とした――しつこい		66	独創的――模倣的

これらの研究成果をまとめ，日本語でパーソナリティ表現をする用語を集めた書籍も出版しています（青木, 1974）。

3.3.3 村上の研究

富山大学の村上宣寛は，あらためて日本語で心理辞書的研究を行っています（村上, 2002, 2003）。使用した辞書は，約23万語が収録された『広辞苑第5版』（新村, 1998）のCD-ROM版でした。性格表現に関係する用語について，コンピュータ上で見出しをコピーするやり方で，大学生4名が単語の抽出を行いました。その結果，950語が抽出されました。次に，難しくて意味のわからない言葉や現在ほとんど使われていない言葉，性格とほとんど関係のない言葉を大学生にチェックさせることにより，752語が残りました。さらに，他の研究で収集された語も加えて整理することにより，最終的に名詞539語，形容詞142語，動詞103語，副詞37語，複合語113語の計934語がリスト化されました（村上, 2002）。

3.4 語彙数とパーソナリティ関連語数

アメリカも含め，いくつかの国で行われた心理辞書的研究をまとめたものが表3.3です。辞書収録語数も，国によって大きく異なっています。また，パーソナリティ関連用語として抽出された語数も，1,000前後から2万近くまでとさまざまです。しかし，これらの抽出された語は，最終的には100から600程度の単語にまとめられています。

表3.3の左右の語数から，辞書収録語数のなかにパーソナリティ関連語数が何パーセント含まれているかを計算してみましょう。アメリカでは約3.6%，オランダでは約4.3%，ドイツでは約5.0%，イタリアは約3.3%と約3.5%，ハンガリーは約5.2%，チェコは約3.8%，ポーランドは約5.8%，スペインとフィリピンは10%程度です。日本の場合，青木（1971）の研究では約5.9%と各国と同程度ですが，村上（2002）の研究では約0.4%と少なくなって

表 3.3 各国の辞書収録語数とパーソナリティ関連語数
(De Raad, 2000 を改変)

国・言語	辞書収録語数	パーソナリティ関連語数
アメリカ	500,000	18,125
オランダ	200,000	8,690
ドイツ	96,664	4,827
イタリア（ローマ地方）	40,000	1,337
イタリア（トリエステ地方）	127,000	4,437
ハンガリー	70,000	3,644
チェコ	118,529	4,513
ポーランド	35,000	2,027
スペイン	85,500	8,860
フィリピン	68,000	6,900
日本	66,000	3,862（青木, 1971）
	230,000	950（村上, 2002）

います。村上の研究では，パーソナリティ特性として使用することができる用語に絞って抽出されているためだと考えられます。

　このようにみてくると，それぞれの国で辞書に収録された語数のうち，およそ5%から10%が，広く人間のパーソナリティに関連する語数としてみられることがわかります。

参考図書

ミシェル, W.・ショウダ, Y.・アイダック, O.　黒沢　香・原島雅之(監訳)(2010).
　　パーソナリティ心理学——全体としての人間の理解——　培風館
　歴史的経緯から最新のパーソナリティ理論までを，600ページ以上にわたって解説しています。

小塩真司（2010）．はじめて学ぶパーソナリティ心理学——個性をめぐる冒険——
　　ミネルヴァ書房
　パーソナリティの考え方から，血液型性格診断や心理ゲームがなぜあてにならないのかまでを解説しています。

第4章

パーソナリティ特性の探求

「僕がゲームでやっているキャラ，なかなかレベルが上がらないんだよね」
「ああ，そのキャラは攻撃力よりも防御力が高いでしょう。強い敵になかなか勝てないから，経験値が溜まらないんだよね」
「もっと攻撃力の高いキャラでゲームを始めればよかったな……」
ロールプレイングゲームやシミュレーションゲームに登場するキャラクターには，攻撃力や防御力といったパラメータがつけられることがあります。ゲームのキャラクターに多くの経験（敵と戦って勝ったりすること）をさせたり訓練したりすることで，この数値を上昇させていくと，次第に強いキャラクターへと成長していきます。
人間にも，これと似たようなパラメータを仮定することができるでしょうか。中学校や高校の定期試験や，入試の成績などは，これに似ているのではないでしょうか。確かに，国語が70点，数学が80点，英語が90点……というのは，攻撃力が70，防御力が80，スピードが90……というのによく似ています。さらに，全体的に高いほうが優れている，という点もまたよく似ていますし，「攻撃力」も「国語の学力」も，直接的に目に見えるわけではない構成概念の一種である，という点も同じです。
人間のパーソナリティには，いくつのパラメータが仮定できるのでしょうか。ここでは，パーソナリティ特性を探求する研究をみていきたいと思います。

4.1 言葉を整理する

4.1.1 因子分析

因子分析とは，多変量解析と呼ばれる統計手法の一種であり，複数の指標の背景に仮定することができる共通要素を得ることを目的とした分析方法のことです。たとえば，「明るい」「積極的な」「活動的な」の背景には，共通する要素（たとえば「外向性」）がありそうです。また，「しっかりした」「まじめな」「計画的な」の背景にも共通する要素（たとえば「勤勉性」）がありそうです。しかし，これら2つの共通要素は，互いに異なっているように思われます。因子分析は，データからこのような共通要素を見出そうとする統計手法だとイメージするとよいでしょう。

因子分析は，知能の研究のなかで発展してきました。20世紀初頭，イギリスの心理学者スピアマンは，子どもたちの課題への反応得点どうしが正の相関関係にあることなどから，認知的な処理課題の背景にはg因子（一般知能因子；p. 105 参照）と呼ばれる総合的な因子があり，課題の得点を因子分析にかけることによって見出されることを示しました（Spearman, C. E., 1904）。そしてこのような研究方法を，パーソナリティ全体の研究に応用しようという動きが，20世紀初頭に生まれてきました。

4.1.2 単語の整理に応用

オールポートとオドバートの研究よりも前に，アメリカの心理統計学者サーストン（Thurstone, L. L., 1934）は，因子分析を用いることで，60の形容詞を整理する試みを行いました。

辞書から単語を抜き出すことで，私たちが普段使用している言葉のなかに，いくつくらい人間を形容する言葉があるかを調べることはできます。しかし，それらの単語をどのように分類し，整理すればよいのでしょうか。

ある単語と別の単語が似た意味を持つのか，逆の意味を持つのか，明らかにわかる単語なら誰もが納得するように分類することができそうです。しか

し，単語Aと単語Bは，単語Aと単語Cよりもこれくらいよく似ているが，単語Aと単語Dとはこれくらい似ていない……といったような整理をする際には，研究者の主観だけでは問題が生じそうです。

そこで，どの程度類似しているかを多くの人に判定してもらう，という方法がとられることがあります。しかし，一つひとつの単語の組合せを示して「どの程度似ていますか」と尋ねていくと，膨大な作業量になります。

そこで，データとしては，単純に「それぞれの言葉はあなた（や周りの人）にどのくらい当てはまりますか」と尋ね，当てはまる程度を答えてもらいます。すると意味の似た言葉であれば，同じような回答パターンが得られるはずです。そのデータに対して因子分析を用いることで，似たような回答パターンが得られた言葉を，統計的にまとめることができるのです。このようにして，実際に得られたデータに基づいて，統計的に単語を整理することが可能になります。これは，より客観的な単語整理法だということができるでしょう。

似たような目的で使用できる統計手法に，クラスター分析があります。これは，データのパターンが似たものを一定の基準に従ってまとめていくという統計手法です。いずれの統計手法にしても，より客観的に言葉を整理するという目的のために使用されてきました。

4.1.3 統計的な整理の問題点

ただし第1の問題は，多くの単語を整理するためには，さらに多くの調査対象者から得られた大量のデータが必要だということです。数多くの単語が並んだ用紙を多くの人に配付し，自分自身や周囲にいる人のイメージにそれぞれの単語がどの程度当てはまるのかを回答してもらいます。調査をする側も大変ですが，回答する側も労力がかかります。

第2の問題は，得られたデータを統計的な分析にかけることが，難しいという点です。現在であれば，皆さんの家庭にあるパーソナルコンピュータと統計処理用のソフトウェアがあれば，数百の単語に回答した数千人分のデー

タであっても，一瞬で因子分析の結果を得ることができます。ところが，個人がもつコンピュータでこのようなことができるようになったのは1990年代以降といってもよいでしょう。それ以前は，大学などに設置されていた大型計算機を共有しながら利用したり[2]，さらに以前には電卓，それよりも前には機械式の計算機[3]などが使われたりしていました。いずれにしても，因子分析のような多くの計算を必要とする分析手法を，人間の手計算で行うことには限界があります。このような分析手法は，コンピュータの発展とともに盛んに用いられるようになってきたのです。

4.2 パーソナリティ特性の探求

4.2.1 キャッテルの研究

イギリス生まれのアメリカのパーソナリティ心理学者キャッテルは，1940年代に一連の研究を通して，パーソナリティ用語を統計的に整理する試みを行いました。キャッテルは，18世紀から20世紀はじめまでの文献からパーソナリティ特性用語を抜き出し，171の形容詞（反意語がある単語は形容詞の対）に整理しました。そしてこれらの形容詞について，100名の回答者からデータを得てクラスター分析を行うことにより，60のクラスターに単語を分類する可能性を示しました（Cattell, R. B., 1943）。

また1940年代は，パーソナリティを調査的な手法を用いて客観的に把握しようとする動きが広まった時期でした。キャッテルは，1945年にこれらの先行研究で測定されたパーソナリティ特性をまとめることで，20のパーソナリティ領域に整理する試みを行っています（Cattell, 1945）。表4.1に，論文でまとめられた20のパーソナリティ領域を示します。

---

[2] 1970年代以前にはデータやプログラムをパンチカードと呼ばれるカードに穴を開けることでコンピュータに読み込ませていました。

[3] 歯車の組合せによって計算を行う機械のこと。

4.2 パーソナリティ特性の探求

表 4.1　キャッテルのパーソナリティ領域（Cattell, 1945 に基づき作成）

名　　称
1. 人格の優良さ　vs.　道徳的欠陥，持続性のなさ
2. 現実主義，信頼性　vs.　神経症傾向，変動性
3. 動揺，憂うつ，強情　vs.　平穏，社会的興味
4. 知的，自制的な，独立した　vs.　愚かな，頼りにならない
5. 利己主義，自己主張，頑固さ　vs.　謙虚さ，権威への服従
6. 大胆さ，独立心，強靱さ　vs.　臆病，抑制的，敏感さ
7. 社交性　vs.　臆病，敵意，陰気さ
8. 一般的情動性，神経過敏，不安定　vs.　平穏，熟慮，自制的
9. 感謝，友情，理想主義　vs.　サディズム，中傷的，疑い深さ
10. 活発さ，安定性，言語表現力　vs.　遠慮，静止，自然
11. 想像力，洞察力，好奇心，不注意　vs.　倹約，柔軟性のなさ，習慣性，独善
12. 自由奔放，無秩序　vs.　忍耐強さ，杓子定規な
13. 美への興味，思慮深さ　vs.　積極性
14. 体力，持久力，度胸　vs.　運動不足，危険の回避
15. 色気，遊び好き　vs.　礼儀正しさ
16. アルコール依存，反体制的，不注意　vs.　信心深さ，畏敬の念，節約
17. 好奇心，興味の広さ　vs.　興味の狭さ
18. 心気症，無口　vs.　雄弁，将来への興味
19. 禁欲主義，変わり者　vs.　やすらぎの愛，因習性
20. 柔軟性のなさ，放浪　vs.　順応性，落ち着きやすさ

　キャッテルは表 4.1 のような理論的検討に，因子分析の手法によるデータの分析結果も総合することで，16 の因子を見出していきます（Cattell, 1956など）。そして，この 16 の因子で構成される，16 P. F. と呼ばれるパーソナリティ検査も開発しました。

4.2.2　フィスクの研究

　シカゴ大学の心理学者フィスクは，22 のパーソナリティの説明の対（「自己主張的―服従的」といった言葉の対それぞれに，詳しい説明がつけられたもの）を 8 段階で測定する質問紙を構成しました（Fiske, D. W., 1949）。対になった項目は 22 個用意されており，128 名の臨床実習生を対象として調査が行われました。それぞれの調査参加者について，自分自身の性格評定と，臨床実習生を 3 名の心理学者が評価した評定，3 名のチームメートが評価し

た評定を得ました。これらのデータについて因子分析を行うことで，社会的適応性，情動制御性，従順性，知的探求性という4つの大きな因子にまとまることが示されました。フィスクは自己評定だけではなく，他者の評定も同時に分析することで，パーソナリティが本人の内だけではなく他者の目からも共通していることを明らかにしています。

4.2.3 ギルフォードの研究

アメリカの心理学者ギルフォードは，1930年代以降の一連の研究で，因子分析を利用してパーソナリティの構造を検討していきました（Guilford, J. P., 1975；Guilford & Guilford, 1936, 1939a, b）。ギルフォードらは，形容詞や単語を分析の単位とするのではなく，疑問文に対して「Yes」「?」「No」のいずれかで回答するという形式で調査をしています。当初は外向性─内向性のパーソナリティ特性の内容を因子分析で整理する試みを行っていましたが，次第に他の特性へと広がっていきました。

そしてギルフォードは，パーソナリティ全体の測定を試みるためにいくつかの検査も開発しています。たとえば，ギルフォード・マーチン人格目録（Guilford-Martin Inventory of Factors GAMIN；Guilford & Martin, 1943）は，G（活動への圧力），A（支配性），M（男性性），I（劣等感の欠如），N（緊張や興奮の欠如）という5つのパーソナリティ特性を測定する検査です。

またギルフォードは共同研究者のジマーマンとともに，ギルフォード＝ジマーマン気質調査（Guilford-Zimmerman Temperament Survey）というパーソナリティ尺度を作成しました。この尺度は，**表4.2**に示すような10の下位尺度で構成されています。さらにギルフォードはこれらの10の下位尺度の上位に，「社会的活動性」「内向性─外向性」「情緒的安定性」「妄想性気質」という上位因子，さらに「情緒安定性」と「妄想性気質」の上位に「情緒的健康」という上位因子があることを示しています（Guilford, 1975）。

1950年代に，京都大学の心理学者だった矢田部達郎がギルフォードの研究を基礎として，共同研究者らとともに日本で開発したのがYG性格検査（矢

表 4.2 ギルフォード=ジマーマン気質調査の下位尺度
(Guilford, 1975 に基づき作成)

記号	内容
G	一般的活動性 vs. 緩慢,エネルギー不足
R	自制,まじめさ vs. 楽天的,衝動性
A	支配性,あつかましさ vs. 従順さ,臆病
S	社交性,社会的興味 vs. 引きこもりがち,内気
E	情緒的安定性,楽観性 vs. 不安定性,抑うつ
O	客観性 vs. 主観性,過敏性
F	友好性,協調性 vs. 敵意,好戦性
T	熟慮,内省的 vs. 無分別
P	(良い)人間関係,共同性 vs. 批判性,非耐性
M	興味や情動の男性性 vs. 女性性

田部ギルフォード性格検査；矢田部・園原・辻岡,1965）です（詳細は第8章 p. 129 参照）。YG 性格検査によって測定されるパーソナリティ特性は,ギルフォードが作成した検査の内容と類似していることが示されています（辻岡,1982）。

4.2.4 アイゼンクの研究

　イギリスのパーソナリティ心理学者アイゼンク（Eysenck, H. J.）は,人間の基本的なパーソナリティ次元として「外向性」と「神経症傾向」を見出しました。「外向性（―内向性）」は,個人の基本的な指向性が自分の外の世界を向いているか,自分の内部に向いているかの程度を表します。また「神経症傾向（情緒不安定性―情緒安定性）」は,情動性を表すパーソナリティ次元であり,不安を抱きやすく神経質で不健康であるか,安定していてよく適応できるかというパーソナリティ次元を表します。

　アイゼンクによると,内向性が高い人は大脳皮質が興奮しやすく,過剰な興奮を避けるために刺激を回避しようとするということです。その一方で,外向性が高い人は大脳皮質の興奮が収まりやすいため,常に刺激を求めようとする傾向にあります。また,神経症傾向は内臓・自律神経系の覚醒状態に

関連し，神経症傾向が高い人はストレスフルな出来事に直面すると交感神経が興奮しやすく，情緒不安定になりやすいということです。

　後にアイゼンクは第3の次元として「精神病傾向」を追加しました。このパーソナリティ次元は，衝動の自己統制の程度や，敵対心を抱く程度を表します。

　アイゼンクの2つの基本次元を組み合わせると，図4.1のようになります。そしてこの組合せは，四気質説にも対応するということです。すなわち，外向的で神経症傾向が高い人は胆汁質（せっかち，短気），外向的で神経症傾向が低い人は多血質（快活，社交的），内向的で神経症傾向が高い人は黒胆汁質（用心深い，神経質），内向的で神経症傾向が低い人は粘液質（冷静，勤勉）だということです。

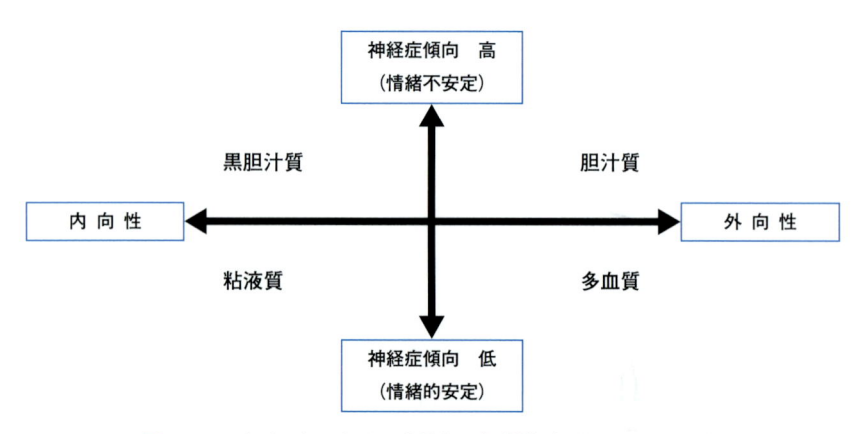

図 4.1　アイゼンクによる 2 次元と四気質説（小塩，2010 より）

　アイゼンク自身は，のちに述べる，パーソナリティを5つの因子でとらえるモデルに対して批判的でした。しかし，アイゼンクが見出した精神病傾向は内容がやや曖昧であったり，残りの外向性と神経症傾向は確かに人間のパーソナリティの重要な側面ですが，それだけで人間全体を表現するにはやや物足りなかったりもします。

4.2 パーソナリティ特性の探求

またアイゼンクは，図4.2のようにパーソナリティを階層構造としてとらえていました（アイゼンク，1973）。一番下の水準は，刺激に対する特定の反応の水準です。そして，日常生活のなかで特定の反応に対して特定の反応をすることを繰り返していると，それが次の水準である習慣となります。そして，習慣となった行動が集合すると，パーソナリティ特性の水準となります。アイゼンクはさらに，パーソナリティ特性の集合が「類型」の水準だとしています。これは，特定のパーソナリティ特性の得点が高くなることで，「こんな人物である」という印象が強くなることを意味するとも考えられます。また現在では，複数のパーソナリティ特性の上位に高次のパーソナリティ特性を設定し，統計的にその階層構造を示すことも可能になっています。ただし現在では，この上位のパーソナリティ特性を「類型」と呼ぶことはなくなっています。

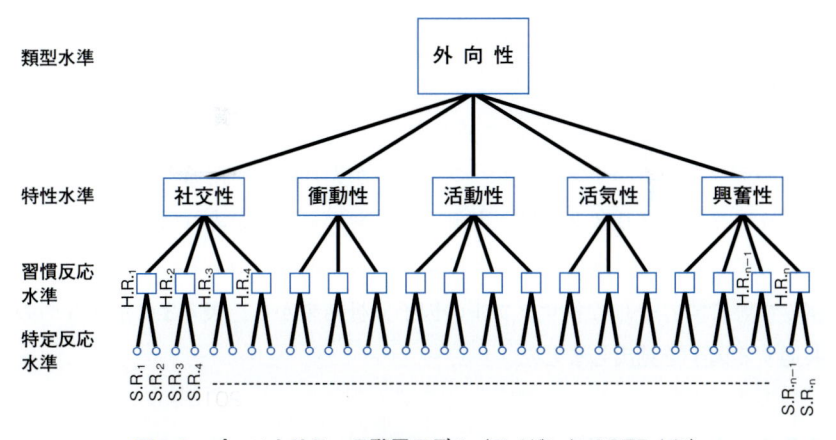

図4.2　パーソナリティの階層モデル（アイゼンク，1973より）

4.2.5　トゥーペスとクリスタルの研究

トゥーペスとクリスタルは，それまでに行われてきた因子分析によるパーソナリティ研究を統合するために，次の8つのデータサンプルそれぞれに対して因子分析を行い，共通する要素を見出す試みを行いました（Tupes, E.

C., & Christal, R. E., 1961)。使用した尺度は，形容詞対で構成されたものでした。

　サンプル A……空軍の訓練生 790 名（すべて男性）。

　サンプル B……士官候補生 125 名（すべて男性）。6 名が相互に評定。

　サンプル C……サンプル B の訓練後に実施。各項目にもっともよく当てはまる人物を 3 名挙げる方式で評定。

　サンプル D……空軍の訓練校男子学生 500 名。グループに分けられたなかで，各項目にもっともよく当てはまる人物を 4 名挙げる方式で評定。

　サンプル E……男子大学生 133 名。グループメンバーの相互評定。このサンプルは，キャッテルが先行研究で用いたものと同じ。

　サンプル F……女子大学生 140 名。グループメンバーの相互評定。このサンプルも，キャッテルが先行研究で用いたものと同じ。

　サンプル G……臨床心理学を専攻する男子大学院生 128 名。自分自身とグループの他の 3 名を評定。このサンプルは，フィスクが先行研究で用いたものと同じ。

　サンプル H……サンプル G と同じだが，スタッフ・メンバーによる他者評定のデータ。このサンプルも，フィスクが先行研究で用いたものと同じ。

　トゥーペスとクリスタルは，キャッテルやフィスクが先行研究で使用したデータについても再分析することにより，より説得力のある結果を導こうと試みています。そして各サンプルの因子分析結果から，表 4.3 に示す 5 つの共通する因子を見出しました。

4.2.6　ノーマンの研究

　アメリカの社会心理学者・パーソナリティ心理学者のノーマンは，トゥーペスとクリスタルが見出した 5 つの因子が複数の調査対象者に共通してみられるのかを，再度検討しました（Norman, W. T., 1963）。事前の分析で 5 つの因子をうまく測定することができる 20 の質問項目を選択し，複数のサンプルにおいて，グループのメンバー同士で評定するデータを収集しました。

4.2 パーソナリティ特性の探求

表 4.3 トゥーペスとクリスタルの 5 因子

因子名	内容
高潮性 (Surgency)	外向性とほぼ同じ。多弁，率直，大胆，自己主張的，社交的，エネルギッシュなど。
協調性 (Agreeableness)	優しい，嫉妬深くない，情動的な成熟，温厚，協調的，信頼できる，順応性，親切など。
信頼性 (Dependability)	秩序性，責任感，誠実性，忍耐強さなど。
情緒安定性 (Emotional stability)	非神経質，穏やかな，落ち着いた，気にしすぎない，情緒が安定した，など。
文化 (Culture)	教養のある，美にこだわる，想像的，社会的に洗練された，独立心のある，など。

また，5つの因子の内容はトゥーペスとクリスタルと同じなのですが，名称を「外向性または高潮性（Extroversion or Surgency）」「調和性（Agreeableness）」「誠実性（Conscientiousness）」「情緒安定性（Emotional Stability）」「文化（Culture）」としました。そしてノーマンは，これらの因子が複数のサンプルにおいて同じような構造として現れたことを報告しました。

またノーマンは，『ウェブスター新国際辞典』の第3版[4]に掲載されている単語をすべて確認し，オールポートとオドバートが抜き出した1万7,953語に含まれていない単語を抽出することを試みました（Norman, 1967）。その結果，およそ4万語が人間を形容する可能性のある単語（や語句）として抽出されました。そして，まず意味が曖昧な語や専門用語，価値評価を表す単語などを削除しました。そして，次の15のカテゴリに整理しました。すなわち，「1. 安定した特性を表す主要語」（608語），「2. 安定した特性を表すやや難解語」（544語），「3. 俗語，古語，扱いにくい語，口語」（1,648語），「4. 1次的な状態や活動を表す語」（384語），「5. 1次的活動を表す主要語」（582

---

[4] 1961年に刊行されました。第2版に10万項目以上を新たに加えた辞書となっていました。

語)，「6. 1次的状態や活動を表すやや難解語」(399語)，「7. 1次的状態や活動を表す俗語，古語，扱いにくい語，口語」(1,656語)，「8. 社会的役割や関係を表す主要語」(242語)，「9. 社会的影響や社会的刺激価を表す主要語」(163語)，「10. 社会的役割や影響を表すやや難解語」(163語)，「11. 社会的役割や影響を表す俗語，古語，扱いにくい語，口語」(908語)，「12. 計量化困難な評価語」(761語)，「13. 医学解剖学，身体，身づくろいを表す語」(882語)，「14. 曖昧で漠然とした語・遠回しな婉曲表現」(4,796語)，「15. 非常に難解でほとんど知られていない語」(3,607語)となっています[5]。次に，この分類からカテゴリ1，2，3の単語を中心に，パーソナリティ特性用語として適切だと考えられる2,800語を選択しました。

　ノーマンはこの2,800語を200語ずつ14のリストに分け，それぞれのリストについて，大学生100名(男女50名ずつ)に対して調査を行いました。調査の内容は，単語の意味がわかるかどうかを回答し，そして「自分自身」「好きな人」「好きでも嫌いでもない人」「嫌いな人」について各単語が当てはまる程度を回答しました。これらの得点から，それぞれの単語がどの程度望ましい(望ましくない)意味をもつかが示されます。ノーマンが作成したこの2,800語は，後の研究者たちがさらなるパーソナリティ用語の検討のために利用するようになっていきました。

4.2.7 ディグマンの研究

　トゥーペスとクリスタルの研究(Tupes & Christal, 1961)やノーマンの研究(Norman, 1963)は，パーソナリティを5つの因子で表現する可能性を示しました。1980年代になると，アメリカの心理学者ディグマンとタケモト＝チョク(Digman, J. M., & Takemoto-Chock, N. K., 1981)が，これまでに行われた複数の研究知見から，共通の5つの因子を見出すことができ

---

[5]　これらの合計は17,343語ですが，この他，分類の際にさまざまな理由から削除された単語が786語ありますので，計18,129語を分類したようです。

ることを報告しました。

またディグマンとイノウエは，499名の6年生の児童に対して教師が評定したデータについて分析を行いました（Digman, J. M., & Inoue, J., 1986）。そして，やはり同じような5つの因子を見出しています。

4.2.8 コスタとマクレーの研究

語彙を集める心理辞書的研究から始まったパーソナリティ用語の探求ですが，辞書から単語を抜き出すためにどうしても「形容詞」が中心となります。パーソナリティを測定する際も，形容詞がどの程度自分自身や他者に当てはまるかによって，パーソナリティを測定する形式になります。

そのようななかで，「質問文」と「複数選択肢」の組合せ形式のパーソナリティ検査にこだわったのが，アメリカの心理学者コスタとマクレーでした。彼らはそれまでに行われてきた心理辞書的研究を参考にしながら，各質問文に対してどの程度自分自身に当てはまるかを自己報告する形式のNEO Inventoryと呼ばれる検査を開発します（McCrae, R. R., & Costa, P. T., Jr., 1983）。「NEO」とは，「神経症傾向（Neuroticism）」「外向性（Extraversion）」「経験への開放性（Openness to Experience）」の頭文字のことです。彼らはこの検査を改良したものをNEO Personality Inventoryという名称で市販しています（Costa & McCrae, 1985）。

当初，NEO Inventoryにはノーマンの研究などによって見出されていた残り2つの次元，「調和性（Agreeableness）」と「誠実性（Conscientiousness）」は含まれていなかったのですが，彼らはこれらを測定する項目を新たに追加しました（McCrae & Costa, 1987）。そして，形容詞で測定する5因子と，彼らが構成した文章で測定する尺度との対応を，自己評定と仲間評定の双方で確認しました。彼らはさらにその後もこの尺度に改良を加え，Revised NEO Personality Inventory（NEO-PI-R）という名称のパーソナリティ検査として市販しています（Costa & McCrae, 1992）。現在このNEO-PI-Rは，日本語はもちろん世界中の言語に翻訳され，盛んに使用される検査となってい

ます。

　コスタとマクレーは，パーソナリティ特性の次元のことをドメイン（Domain）と呼び，その下に複数の下位次元であるファセット（Facet）を仮定しています。また，パーソナリティが5つの因子で構成されることを「5因子モデル（Five Factor Model；FFM）」と呼びました。

4.2.9　ゴールドバーグの研究

　アメリカのパーソナリティ心理学者ゴールドバーグは，ノーマンが整理した2,800語から，会話のなかでのみ用いる語や困難語，社会的に望ましすぎる語，意味が曖昧な語などを考慮することで，最終的に1,710語（反意語とのセットなので単語数は倍になります）を選択しました（Goldberg, L. R., 1982）。また，アメリカで定評のある辞書（1973年版の『アメリカンヘリテージ英英辞典』）で確認したところ，この1,710語のうち531語は見出し語として掲載されておらず，さらに曖昧さや口語表現などを除くことで，最終的に566特性語に整理しました。

　ゴールドバーグは，この1,710語それぞれについて，どの程度自分自身に当てはまっているかを，187名の大学生に尋ねました（Goldberg, 1990）。そして，1,710語を75の類義語にまとめたうえで因子分析を行うことで，想定通りの5つの因子で構成されることを示しました。さらに単語のカテゴリ化をしなおすことで，100の類義語のまとまりがあることと，そのまとまりが因子分析によって5因子構造となることを示しました。

　ゴールドバーグは，パーソナリティ特性語から得られた5つの因子を，「ビッグ・ファイブ（Big Five）」と呼んでいます。

4.2.10　ビッグ・ファイブ円環モデル

　オランダの心理学者ドラードらは，要約版ビッグ・ファイブ円環（Abridged Big-Five Circumplex；AB5C）モデルを提唱しました（De Raad, B., & Hofstee, W. K. B., 1993）。AB5Cモデルでは，ビッグ・ファイブの5つの次元それ

ぞれについて，形容詞を図4.3のような円環上に単語を配置していきます。因子分析の統計手法を用いることで，おおよそ各単語がこのモデルに合致した形で配置されることが示されています（De Raad, 2000）。

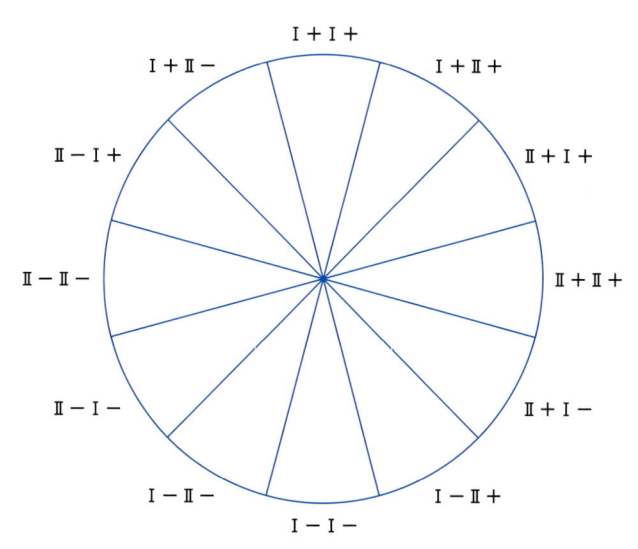

図4.3 AB5Cモデルの配置 （De Raad, 2000より）

4.3 5因子の通文化性

4.3.1 マジカルナンバー

　辞書からパーソナリティ用語を探す試みは，アメリカ英語だけで行われたわけではありません。アメリカで研究が進むにつれて，それに影響を受けた各国の研究者が自国の辞書からパーソナリティ用語を抽出する試みを行っていきます。

　オランダのパーソナリティ心理学者ドフードは，人間が使用する語彙全体からパーソナリティの因子を抽出していく過程を，マジカルナンバーとして示しています（De Raad, 2000）（表4.4）。それによると，人間が世界を記述

する全体の語彙数がおおよそ 500 万であり，そのおよそ 10％である 50 万語が辞書に収録され，そのおよそ 10％である 5 万語が人間のパーソナリティに関連する語，さらにそのおよそ 10％である 5,000 語が人間のパーソナリティを記述することが可能な語，そのおよそ 10％である 500 語が普段使用する代表的なパーソナリティ用語だと推定されます。研究者はそこから統計的な手法を用いて 50 の下位因子を抽出し，最終的に 5 つのおおまかな因子にまとめていくということです。

表 4.4　パーソナリティのマジカルナンバー
(De Raad, 2000 に基づき作成)

5,000,000	語彙全体で区別可能な語数
500,000	辞書に収録される語数
50,000	パーソナリティに関連する候補語数
5,000	パーソナリティを記述する語数
500	有用で代表的なパーソナリティ用語数
50	パーソナリティの下位特性数
5	パーソナリティの因子数

4.3.2　因子分析によると

　各国の言語でパーソナリティ特性語が抽出されているのですが，それらの語を用いて調査を行い，因子分析を用いて分析すると，どのようになるのでしょうか。

　それぞれの国の言語で因子分析を行うと，やはり 5 つの因子が抽出されることが多いようです。また，その 5 つのうち少なくとも 4 つまでは，比較的共通する内容で構成されることも示されています (De Raad, 2000)。とくに，神経症傾向，外向性，調和性については，よく再現されるようです（ミシェル・ショウダ・アイダック, 2010）。しかしこの不一致部分に関しては，単語の抽出の手続きや選定方法の不統一も影響しているかもしれません。また，言語の翻訳や単語の意味範囲がそれぞれの言語で異なっていることも影響する可能性があります。このような研究は手間がかかるものですので，継続的な検討が必要です。

4.3 5因子の通文化性

しかしいずれにしても，辞書から抽出されたパーソナリティ語が，おおよそ5つの因子で構成されることは，多くの研究者が同意しています。5因子とは異なる見解をもつ研究者もいるのですが，それは第6章で見ていきたいと思います。

4.3.3 50文化の共通性

マクレーとテラシアーノ，そして彼らの共同研究者たちは，50以上の国・地域でNEO-PI-Rを実施し，同じようなパーソナリティの構造が得られるかどうか，同じような得点の傾向がみられるのかどうかを検討しています（McCrae, R. R., Terracciano, A., & 78 Members of The Personality Profiles of Cultures Project, 2005；McCrae, Terracciano, & 79 Members of The Personality Profiles of Cultures Project, 2005）。

マクレーらは世界中から集められた1万人以上のデータを分析しました。モロッコやウガンダなど，いくつかの地域において質の良くないデータが得られたことが報告されていますが，大部分の国・地域のデータは，共通した5つの因子がみられることが報告されています。

また，各国・地域のNEO-PI-R得点を多次元尺度構成法という統計的な分析にかけることにより，図4.4のような結果を得ました。図4.4の縦軸上方は主に神経症傾向の高さを意味し，縦軸下方は主に誠実性の高さを反映しています。横軸右方向は，主に外向性と開放性が反映したものになっています。

おおよそ，ヨーロッパとアメリカ地域はアジアやアフリカ地域よりも開放性ととくに外向性が高い傾向にあるようです。また，南ヨーロッパと東ヨーロッパの地域は，北部ヨーロッパよりも神経症傾向が高く，誠実性が低い傾向にあるようです。南アジアや東南アジア地域は，おおよそ神経症傾向が低く誠実性が高い傾向にあるようです。

なお，日本の位置をみると，縦軸はほぼ中央，横軸は左方向によっています。つまり，各国のなかでは内向的で開放性が低い，つまりやや内気で保守的な傾向がみられる地域であるようです。

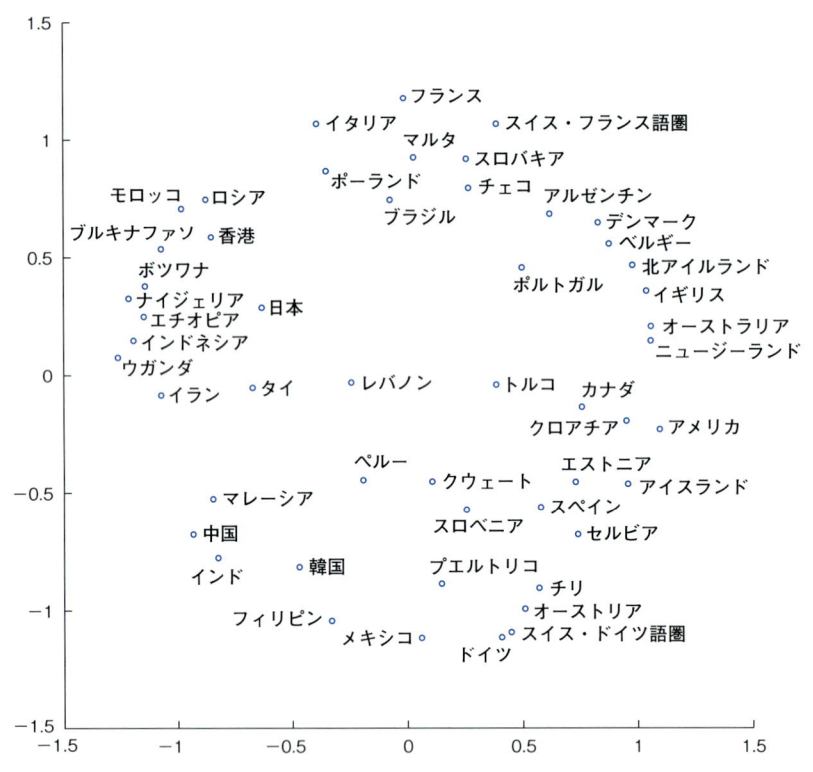

図 4.4　NEO-PI-R に基づく 51 文化の布置（McCrae et al., 2005 より）
縦軸上方は神経症傾向，縦軸下方は誠実性が反映。横軸右方向は外向性と開放性に関連している。

では次に，日本語の心理辞書的研究についてみていきたいと思います。

4.4　日本における特性の探求

4.4.1　人格次元の研究

　関西学院大学の中里浩明らは 1976 年の論文で，ノーマンの研究を日本で検討することを試みています（中里・Bond・白石, 1976）。彼らはノーマンの尺度を日本語に翻訳したものを使用し，大学生男女 91 名がグループのメ

4.4 日本における特性の探求

ンバーを評定したデータを収集しました。そしてそのデータを因子分析にかけることにより,「外向性(Extraversion)」「温厚性(Agreeableness)」「良心性(Conscientiousness に相当)」「情緒安定性(Emotional Stability)」「文化(Culture)」の5因子が見出されることを示しました。

4.4.2 形容詞の分類

1990年代に入ると,海外のパーソナリティ5因子研究が日本に紹介されるようになり,日本でも海外と同じような5因子が見出されるかどうか,複数の研究グループによる研究が始められました。

1990年代前半には,日本語の91形容詞について大学生474名が回答したデータを用いて,5つの因子が見出されました(柏木・和田・青木, 1993)。また,形容詞で見出された5因子と他のパーソナリティ検査との関係を検討した研究も行われるようになりました(柏木・山田, 1995;柏木・和田, 1996)。

このようななか,形容詞を用いて日本人の5因子パーソナリティを測定する尺度が開発されます。和田さゆり(1996)は,英語の形容詞チェックリストを日本語訳すると同時に,青木の心理辞書の研究も参考にしながら,日本人に適用可能な5因子パーソナリティの測定尺度である Big Five Scales(BFS)を構成しました。BFS に使用された形容詞の例を,表4.5 に示します。

表4.5 BFS で使用された形容詞の例

下位尺度	形容詞例
情緒不安定性 (N)	悩みがち,不安になりやすい,心配性,気苦労の多い
外向性 (E)	話し好き,無口な (*),陽気な,外向的,暗い (*)
調和性 (A)	温和な,短気 (*),怒りっぽい (*),寛大な
開放性 (O)	独創的な,多才な,進歩的な,洞察力のある
誠実性 (C)	いい加減な (*),ルーズな (*),怠惰な (*),几帳面な

(注) *は逆転項目。

4.4.3 質問紙アプローチ

形容詞ではなく，質問文に対して複数の選択肢で回答する形式の質問紙によって5つのパーソナリティを測定しようとする試みも，日本で行われるようになります。

1992年，東京都老人総合研究所の下仲順子らの研究グループによって，コスタとマクレーのNEO-PI-Rを日本語に翻訳する作業がスタートしました（下仲・中里・権藤・高山, 1998a, b）。日本語版作成の目標として，成人初期から老年期まで幅広い年齢層に使用できること，パーソナリティの国際比較研究に使用できること，という2点が考慮されていました。各項目を日本語に翻訳し，因子分析によって構造を検討，さらに日本でよく使用されているYG性格検査との関連を検討することを経て，**日本語版 NEO-PI-R** が完成しました（下仲・中里・権藤・高山, 1999）。

甲南女子大学の辻平治郎らの研究グループは，海外のモデルをそのまま日本に導入するのではなく，日本独自の5因子モデルを構成しようと試みました（辻, 1998）。そこでは，①多様なパーソナリティの全体を包括的にわかりやすく体系化すること，②他の優れた心理学の諸理論・諸研究と整合させること，③質問紙法によるパーソナリティ検査を基礎づける理論を構成すること，④超特性や要素特性の長所短所をバランスよく記述し，できるだけ価値中立的なものにすることなどが意図されていました。そして理論的検討を経て，5つの因子を「内向性―外向性」「分離性―愛着性」「自然性―統制性」「非情動性―情動性」「現実性―遊戯性」と名づけました。さらにこれらの下位に5つずつの要素特性が存在する階層構造を仮定し，これらのパーソナリティを測定する**5因子性格検査**（Five-Factor Personality Questionnaire；**FFPQ**）を作成しました。

4.4.4 村上の研究

富山大学の村上宣寛は，ゴールドバーグのビッグ・ファイブ・モデルを前提としながら，安定していて回答の歪みに強く，パーソナリティの5つの因

子をバランスよく測定する質問紙の開発を試みています（村上・村上，1997）。暫定的に 300 の質問項目を用意し，ゴールドバーグが見出した 5 つの次元との対応をみながら項目を取捨選択し，因子分析によって明確な 5 因子構造からなる主要 5 因子性格検査を作成しています。さらに，全国の 1,000 名以上の幅広い年代に調査を行い，この検査の標準化を行いました（村上・村上, 1999）。

また村上（2003）は，村上（2002）で辞書から抽出・整理した単語のリストから同義語と反意語を整理するなどして 554 語を選択し，大学生 370 名に対して自分の性格に当てはまるかどうかを回答させました。その結果，回答が著しく偏ったものを省き，317 語に対して因子分析を行いました。このような手続きを経て，辞書から抽出した日本語においても 5 つの因子が見出されることを示しました。

4.5 日本語のビッグ・ファイブ尺度

4.5.1 NEO-PI-R/NEO-FFI

先にも説明した日本語版 NEO-PI-R について，もう少し詳しく説明したいと思います。NEO-PI-R は，英語版と同じ 240 項目からなっています（下仲他, 1999）。この 240 項目は，8 項目で下位次元（ファセット；Facet）を構成し，6 つの下位次元（48 項目）で特性次元（上位次元；Domain）を構成します。各項目は文章で記述されており，自分自身にどの程度当てはまるかを「全くそうでない（0 点）」から「非常にそうだ（4 点）」までの 5 段階で回答する形式がとられています。得点は，表 4.6 で示された 30 の下位次元と，5 つの上位次元それぞれで算出することができます。また NEO-FFI は，NEO-PI-R の短縮版の尺度で，60 の質問項目から構成されています。NEO-FFI には下位次元がなく，5 つの特性次元を測定するだけに簡略化されています。

表 4.6 NEO-PI-R の特性次元（Domain）と下位次元（Facet）

特性次元（Domain）		下位次元（Facet）	
神経症傾向（N）	N1	不安	Anxiety
	N2	敵意	Angry Hostility
	N3	抑うつ	Depression
	N4	自意識	Self-Consciousness
	N5	衝動性	Impulsiveness
	N6	傷つきやすさ	Vulnerability
外向性（E）	E1	暖かさ	Warmth
	E2	群居性	Gregariousness
	E3	断行性	Assertiveness
	E4	活動性	Activity
	E5	刺激希求性	Excitement-Seeking
	E6	よい感情	Positive Emotions
開放性（O）	O1	空想	Fantasy
	O2	審美性	Aesthetics
	O3	感情	Feelings
	O4	行為	Actions
	O5	アイデア	Ideas
	O6	価値	Values
調和性（A）	A1	信頼	Trust
	A2	実直さ	Straightforwardness
	A3	利他性	Altruism
	A4	応諾	Compliance
	A5	慎み深さ	Modesty
	A6	優しさ	Tender-Mindedness
誠実性（C）	C1	コンピテンス	Competent
	C2	秩序	Order
	C3	良心性	Dutifulness
	C4	達成追求	Achievement-Striving
	C5	自己鍛錬	Self-Discipline
	C6	慎重さ	Deliberation

4.5.2 FFPQ

5因子性格検査（Five-Factor Personality Questionnaire；FFPQ）は，ビッグ・ファイブに相当する超特性と，その下位に各5つの要素特性をもつ形がとられています（FFPQ 研究会, 1998, 2002）。各要素特性が6項目ずつで得点化することから，全体で150の質問項目と回答の選択肢（「全くちがう

(1点)」から「全くそうだ (5点)」の5段階）で構成されています。超特性と要素特性の組合せは，表 4.7 のとおりです。

表 4.7　FFPQ の超特性と要素特性

超特性	要素特性
外向性	活動，支配，群居，興奮追求，注意獲得
愛着性	温厚，協調，信頼，共感，他者尊重
統制性	几帳面，執着，責任感，自己統制，計画
情動性	心配性，緊張，抑うつ，自己批判，気分変動
遊戯性	進取，空想，芸術への関心，内的経験への敏感，奔放

なお FFPQ には，50 項目で超特性のみを測定する FFPQ-50（藤島・山田・辻, 2005）という尺度も開発されています。

4.5.3　FFPC

FFPC（小学生用 5 因子性格検査；曽我, 1999）は，小学校高学年向けにビッグ・ファイブのパーソナリティ次元を測定する検査を構成しました。Y-G 性格検査や FFPQ の項目を参照しながら項目を作成し，最終的に 5 つの次元それぞれにつき 8 項目，計 40 項目からなる検査となっています。測定される 5 つの次元は，「協調性」「統制性」「情緒性」「開放性」「外向性」です。

4.5.4　主要 5 因子性格検査

主要 5 因子性格検査（村上・村上, 1997, 1999）は，「はい」「いいえ」のいずれかで答える 70 項目からなる検査です。70 項目のうち，ビッグ・ファイブの得点に使用するものは 60 項目，残りの 10 項目は検査を受ける態度が適切かどうかを判断するためのものになっています。主要 5 因子性格検査では，5 つの因子名は「外向性」「協調性」「勤勉性」「情緒安定性」（神経症傾向の逆）「知性」となっています。

4.5.5 BFS

Big Five Scales（BFS；和田, 1996）は，形容詞チェックリストに基づいて，因子分析を用いて構成されたビッグ・ファイブの尺度です。ビッグ・ファイブの5つの特性を，12項目ずつ，計60項目の形容詞（形容語句）で構成されています。回答は「まったくあてはまらない（1点）」から「非常にあてはまる（7点）」までの7段階です。各特性の内容は，表4.5（p. 61）を参照してください。

この尺度は，比較的早い時期に作成されたものであり，また市販されている検査ではないこともあり，多くの心理学の研究で用いられています。またこの尺度から派生して，20項目（萩生田・繁桝, 1995；内田, 2002）からなる短縮版，29項目（並川・谷・脇田・熊谷・中根・野口, 2012）からなる短縮版も作成されています。

4.5.6 超短縮版の尺度

これまでみてきたように，ビッグ・ファイブのパーソナリティ特性を測定するためには，少なくとも数十項目，多いもので200項目以上の質問に回答する必要があります。しかし多くの質問項目に回答することで，回答への動機づけが低下する可能性があります。また近年，インターネット上の調査を用いた研究やパーソナリティを繰返し特定する手法を用いた研究，短い時間で測定する必要のある研究などで，非常に短い尺度が求められています。

そのようななか，海外では，非常に少ない項目でビッグ・ファイブの5つの次元を測定しようと試みる研究がいくつか行われています。たとえば，5つの次元をそれぞれ1つずつの質問項目で測定する尺度（Aronson, Reilly, & Lynn, 2006；Bernard, Walsh, & Mills, 2005；Woods & Hampson, 2005）や，それぞれを2項目で測定する尺度（Gosling, Rentfrow, & Swann, 2003；Rammstedt & John, 2007）も開発されています。たとえばアメリカの心理学者バーナードらは，NEO-PI-Rの結果で示されるパーソナリティの要約を利用した，ビッグ・ファイブの各次元を1項目ずつで測定する，"Your

Personality Form" と呼ばれる尺度を作成しました（Bernard, L. C., et al., 2005）。アメリカの心理学者ゴズリングたちは，複数の既存の尺度から各次元1項目の5項目で構成される尺度と，各次元2項目の計10項目で構成される尺度の双方を検討し，最終的にTIPI（Ten-Item Personality Inventory；Gosling et al., 2003）と呼ばれる10項目でビッグ・ファイブを測定する尺度を作成しています。またドイツのラムシュテッドとアメリカのジョンは，もともと44項目で構成されているBig Five Inventory（BFI）を各次元2項目の10項目にまで縮約することで，ドイツ語版と英語版のBFI-10を作成しています（Rammstedt, B., & John, O. P., 2007）。

これらのうちTIPIに関しては，ドイツ語版，スペイン語版とともに日本語版（TIPI-J）が作成されています（小塩・阿部・カトローニ, 2012）。TIPI-Jは，NEO-PI-Rとの関連（Oshio, Abe, Cutrone, & Gosling, 2013）のみならず，BFS，FFPQ-50，NEO-FFI，主要5因子性格検査との関連によって妥当性が検討されています（小塩他, 2012）。

参考図書

村上宣寛（2011）．性格のパワー　日経BP社
　パーソナリティ心理学の研究知見から，パーソナリティが何に影響を及ぼすのかを解説しています。

サトウタツヤ・渡邊芳之（2011）．あなたはなぜ変われないのか――性格は「モード」で変わる　心理学のかしこい使い方――　筑摩書房
　「性格は変わらない」という思い込みの考え方を変える一冊です。

安藤寿康（2012）．遺伝子の不都合な真実――すべての能力は遺伝である――　筑摩書房
　適性や才能，パーソナリティに及ぼす遺伝と環境の影響力を説明しながら，人間の多様性を考えている一冊です。

菅原ますみ（2003）．個性はどう育つか　大修館書店
　パーソナリティはどのように発達していくのか，遺伝と環境，縦断的調査から解説しています。

第5章

5つのパーソナリティ特性

　どうやら，各国の言葉からパーソナリティ特性に使用できる用語を抽出し，それらをまとめていくと，おおよそ5つにまとめることができるようです。
　このことはもちろん，人間のパーソナリティ特性が5つしか仮定できない，ということを意味しているわけではありません。この研究が辞書に掲載されている単語の抽出からスタートしていますので，5つのパーソナリティ特性の背後には数百〜数千もの単語が控えており，それらをとてもおおざっぱにまとめたものが5つのパーソナリティ特性だということができるでしょう。
　重要な点は，これらのまとまりが英語のみならず日本語でもみられる可能性が高いという点にあります。もしそうなのであれば，これは，英語と日本語で，共通した自分自身や人に対する見方を提供するものになります。
　では，5つのパーソナリティ特性とはどのようなものなのでしょうか。この章では，一つひとつについてみていきたいと思います。

5.1 5つの因子

これまでみてきたように，人間のパーソナリティ全体は5つの側面で表現することができそうです。このような枠組みのことを，**ビッグ・ファイブ**（Big Five）もしくは **5因子モデル**（Five Factor Model）と呼びます。

これら2つの呼び方には，研究の流れが背景にあります。ビッグ・ファイブはゴールドバーグによって命名されました。これは，心理辞書的研究によって用語を整理し，因子分析によって5つのパーソナリティの側面を導き出した研究の流れを汲むものです。その一方で5因子モデルは，コスタとマクレーのように理論的・質問紙的なアプローチの研究の流れを汲むものです。

いずれにしても，両者は5つの側面から人間のパーソナリティ全体を把握しようとする点で共通しています。

5.2 外向性―内向性

5.2.1 ユングの研究

外向性（内向性）というパーソナリティについて最初に体系化したのは，スイスの精神分析学者ユングでした（第2章，p. 19 も参照）。20 世紀の初め頃，ユングは患者とのやり取りをしていくなかで，人間の心の状態に類型的な違いがあるということに気づき，それを外向型と内向型と名づけました（ユング，2012）。

自分自身の興味や関心が自分の外側の社会や他者に向かっている状態は外向，自分自身に向かっている状態は内向と呼ばれます。**外向型**の人は，外部に対して心が開かれており，周囲の人々や事柄を受け止めていくのに対し，**内向型**の人は周囲の人々や起こっている事柄よりも自分の中の価値や考えで物事を判断します。ユングの理論による内向型と外向型の特徴をまとめると，表 5.1 のようになります（福島，2011）。ただし，のちに述べるように，このユングの外向性―内向性の内容は，現在の外向性（内向性）の内容とまっ

たく同じというわけではありません。

表5.1 ユング理論による内向型と外向型の特徴 (福島, 2011より作成)

内 向 型	外 向 型
●相手からのはたらきかけを，自分の主観的なとらえ方，考え方に基づいて行動を決める。	●相手からのはたらきかけに対して，影響を受けやすく，順応しやすい。
●外から受ける刺激に対して，常に自分なりの価値観で判断をする。	●外から受ける刺激を，そのまま受け止める。
●周囲の状況より，自分の感じた感覚や感情のほうが重要。	●周囲の影響を受けすぎてしまい，自分の感覚より優先してしまう。
●1人で行動したり，楽しんだりすることが好き。	●1人でいるより誰かと交流することが楽しい。
●物事に集中すると，思いがけないパワーを発揮して取り組む。	●物事を表面的にとらえがちで深く考察しないために失敗する。
●初対面の人や，あまり親しくない人と接するのが苦手。	●初対面の人ともすぐに打ち解け，誰とでも親しくふるまえる。
●思い込みから周囲の人とズレた反応，偏った反応をしてしまうことがある。	●周囲の要求や期待に過剰に反応してしまう。
●自己中心的になったり，相手に対して支配的にふるまったりすることがある。	●周囲の人と協力したり，意見を取り入れたりして成果を上げる。

5.2.2 向性検査

1930年代，東京帝国大学（当時）の淡路圓治郎らは，向性検査と呼ばれる検査を開発しました（淡路・岡部，1932a, b, 1933）。**向性検査**は，ユングのように「内向型」「外向型」と人々を類型化するのではなく，内向的な人物から外向的な人物までを1つの次元に並べ，特性的にとらえようとしたものです。

向性検査は「はい」「いいえ」で回答する50項目で構成されています（図5.1）。淡路らは論文のなかでユングらの，2種類に類型化する理論を引用し，それらと知能の研究を対比させます。そして，知能指数のような「向性指数」を設定することで，内向性傾向から外向性傾向までの間のどのあたりに個人が位置するかを把握することを試みました。

向性指数は100を中心として，0か200までの数値として表現されます。

姓名……………………
年齢……………（男 女）
所屬……………………
日附……年……月……日

向 性 検 査

（改 訂 第 二）

淡路圓治郎案

外向點	
無應答	
向性指數	
相對向性指數	

記入法 次の五十の問題をよく讀んで　自分の性情を反省し　質問の通りであれば **はい** 反對であれば **いゝえ** に **○** のしるしをつけなさい
はい **いゝえ** のどちらともきめられぬ時はその儘にして置きなさい

1	些細のことでも氣に病みますか	はい	いゝえ
2	すぐに決心がつきますか	はい	いゝえ
3	大事をとつて實行に暇どりますか	はい	いゝえ
4	決心をあとから變へることが出來ますか	はい	いゝえ
5	思案するよりは活動する方が好きですか	はい	いゝえ
6	陰氣ですか	はい	いゝえ
7	失敗するとがつかりしますか	はい	いゝえ
8	呑氣ですか	はい	いゝえ
9	無口ですか	はい	いゝえ
10	感情をすぐに面に現しますか	はい	いゝえ
11	よくはしやぎますか	はい	いゝえ
12	熱し易く冷めやすいですか	はい	いゝえ
13	物事に凝り固まりますか	はい	いゝえ
14	辛棒強いですか	はい	いゝえ
15	理窟つぽいですか	はい	いゝえ
16	議論が過激に走り易いですか	はい	いゝえ
17	向ふ見ずですか	はい	いゝえ
18	動作がきびきびしてゐますか	はい	いゝえ
19	仕事が綿密ですか	はい	いゝえ
20	派手な仕事がすきですか	はい	いゝえ
21	仕事に精を出しますか	はい	いゝえ
22	空想にふけりますか	はい	いゝえ
23	潔癖ですか	はい	いゝえ
24	持物を大切にしますか	はい	いゝえ
25	無駄づかひをしますか	はい	いゝえ
26	話しずきですか	はい	いゝえ
27	氣むづかしやですか	はい	いゝえ
28	冗談を云ひますか	はい	いゝえ
29	おだてられやすいですか	はい	いゝえ
30	剛情ですか	はい	いゝえ
31	不滿が多いですか	はい	いゝえ
32	自分の評判が氣にかゝりますか	はい	いゝえ
33	他人の批評がして見たいですか	はい	いゝえ
34	自分のことを他人にまかせても平氣ですか	はい	いゝえ
35	人から指圖されるのが厭ですか	はい	いゝえ
36	人の上に立つてうまく治めてゆくことが出來ますか	はい	いゝえ
37	他人の意見を素直に聞入れますか	はい	いゝえ
38	他人の思わくや場所柄を考へて物を言ひますか	はい	いゝえ
39	隱し立てをしますか	はい	いゝえ
40	他人にすぐに同情しますか	はい	いゝえ
41	他人を信じすぎますか	はい	いゝえ
42	いつ迄も恨を忘れないですか	はい	いゝえ
43	はにかみやですか	はい	いゝえ
44	獨りぼちでゐるのがすきですか	はい	いゝえ
45	友達を作るのに骨が折れますか	はい	いゝえ
46	人前で平氣で話せますか	はい	いゝえ
47	人目につく所ではいつも引込んでゐますか	はい	いゝえ
48	意見のちがふ人とでもうまくつきあつて行けますか	はい	いゝえ
49	喜んで他人と共同しますか	はい	いゝえ
50	惜まずに物を呉れてやりますか	はい	いゝえ

図 5.1　**向性検査**（淡路・岡部，1932a より）

向性指数 100 の人物は外向的でも内向的でもない「両向人」であるとされ，向性指数 0 の人物は外向性傾向をまったく有しない極端な内向人であるとされました。

5.2.3　アイゼンクの外向性―内向性

ロシア・ソビエト連邦の生理学者パブロフ（Pavlov, I. P.）は，大脳皮質には興奮と制止という 2 つのはたらきがあると考えました。興奮はあらゆる活動にとって基本的なものであり，制止は中枢神経系や大脳皮質の疲労だと想定されています。

アイゼンク（Eysenck, H. J.）はこの考え方を，外向性―内向性に結びつけて考えました（4.2.4，pp. 49-51 参照）。外向的な人物は制止のプロセスが速く，強く持続する傾向があり，興奮のプロセスは遅く，弱くかつ持続しない傾向があるとされています。逆に内向的な人物は，制止のプロセスが遅く，弱くかつ持続せず，興奮のプロセスが速く，強く持続する傾向にあるということです。単純化すると，外向的な人は制止過程が優勢，内向的な人は興奮過程が優勢だということができます（アイゼンク，1973；MPI 研究会，2009）。

一見これは外向性・内向性の意味からすると逆のことのように思えるかもしれません。しかし，外向的な人物は制止過程が優勢であるからこそ，興奮を得るために外部の刺激を取り入れるように行動する，一方で内向的な人物は興奮過程が優勢だからこそ外部の刺激を必要とせず，内向的な行動をとるとも考えられるのです。

5.2.4　外向性―内向性の内容

外向性の特徴をまとめたものを表 5.2 に示します。外向性の高さは，積極的で刺激を求め，人と付き合うのが好き，といった特徴をもちます。逆に外向性の低さ，つまり内向性の高さは，無口でシャイで引っ込み思案な特徴をもちます。外向性と社交性は，よく混同されることがあります。外向性が高い人は，確かに人付き合いが好きなのですが，その付き合い方が上手である

とは限らないのです。また外向性の高さは，危険やスリルを求める行動にも結びつきます。時にこの傾向は，怪我や命の危険へとつながるかもしれません。

表 5.2　外向性の特徴（ゴズリング，2008；辻，1998；下仲他，1999 に基づき作成）

外向性（Extraversion）の特徴	
外向性が高い人の特徴	
よくしゃべる。精力的。情熱的。自己主張が強い。人と付き合うのが好き。社交的。	
外向性が低い人の特徴	
よそよそしい。無口。引っ込み思案。	
外向性の側面	
友好性	人が好き。すぐに友人を作ることができる。
群居性	他の人たちと一緒にいるのを好む。多人数の集まりにわくわくする。
自己主張性	意見をはっきりと言い，主導権を握り，リーダーシップを発揮する。
活動性	テンポが速く，忙しく精力的に動き回る。
刺激希求性	強い刺激がないと退屈する。危険やスリルを求める。
よい感情	幸福感，情熱，楽観性，喜びなどポジティブな感情をもつ傾向。

とくにアメリカ社会は，外向的であることが望ましく，高い価値がおかれています。実際に，第 4 章の図 4.4（p. 60）では，アメリカは横軸右方向の外向的な方向に位置しています。アメリカのジャーナリストであるケインによると，19 世紀に書かれた人格形成の書籍には「市民権」「義務」「品行方正」「名誉」「道徳」「礼儀作法」などといった言葉がよく出てくるのに対し，20 世紀初めの性格志向アドバイス本には「魅力的な」「人の心を惹きつける」「優位に立つ」「説得力のある」「エネルギッシュな」など，外向性の特徴がよく目につくということです（ケイン，2013）。また，人前でよく話す人のほうが，リーダーシップがあり有能だとみなされる傾向もあります。ケインは，このような外向性ばかりが重視されるアメリカ社会に対して，問題を提起しています。

第 4 章の図 4.4 で示したように，日本人は世界的に見ても内向的な人々が

多いようです。しかし，就職活動などで重視される「コミュニケーション能力」は，まさに外向性の特徴だということができるでしょう。日本の社会でも，次第に外向性が重要視されるようになってきているのかもしれません。

5.3 神経症傾向

5.3.1 戦争体験

　神経症傾向について最初に研究が行われたのは，第1次世界大戦に出兵した兵士たちの戦争ストレスの研究でした。アメリカの心理学者ウッドワースは，1917年にこの側面を測定するウッドワース個人データシート（Woodworth Personal Data Sheet）と呼ばれる検査を開発しました（Woodworth, R. S., 1917, 1919）。ウッドワースの検査は，これ以降数多く開発されることになる自己報告形式の検査のさきがけとなるものでした。さらにこの検査は，1930年にウッドワース精神神経症インベントリー（Woodworth Psychoneurotic Inventory）として改訂版が作成されています（Papurt, 1930）。この改訂版は，「Yes」「No」で回答する116の質問項目で構成されていました。

　同じく1930年には，心理統計学者のサーストンらが，Personality Scheduleと呼ばれる神経症傾向を測定する尺度を作成しています（Thurstone, L. L., & Thurstone, T. G., 1930）。この尺度には，先のウッドワースの項目も含まれており，250項目以上から包括的に神経症傾向を測定するものとなっています。さらに1935年，モランはサーストンの尺度から項目を選択することで，50項目からなる短縮版のNeurotic Inventoryを作成しました（Moran, T. F., 1935）。

5.3.2 アイゼンクの研究

　アイゼンクは，神経症傾向と自律神経系，とくに交感神経系との間に密接な関係があることを仮定しました（アイゼンク，1973；MPI研究会，2009）。人が驚いたり，腹を立てたりすると，呼吸や心拍が速くなりますが，これは

交感神経の作用によるものです。実際に神経症傾向の強い人は，さまざまな刺激に対して強い情緒的な反応を示します。アイゼンクの説では，神経症傾向の強い人は，自律神経系が不安定で興奮しやすく，この神経系統の個人差が，パーソナリティとしての神経症傾向にも反映することが仮定されています。

5.3.3 精神的健康

もともと神経症とは，広範囲にわたる精神的な不適応状態のやや古い呼称であり，不安・恐怖・強迫・心気・ヒステリー・離人・抑うつなどの症状が含まれています（丹野, 2003）。そして実際に，神経症傾向は広く精神的な疾患や精神的不健康，満足感や幸福感の低さ，否定的な気分に関連することが知られています。

では，神経症傾向の長所はあるのでしょうか。イギリスの心理学者ネトル（Nettle, D.）によれば，それはリスクの察知にあるということです。捕食者が迫っていたり危険な場所に近づいたりするときに，不安や怖れを抱きやすいことは，それだけ素早く危険から逃れることができるということも意味するのです（ネトル, 2009）。

5.3.4 神経症傾向の内容

神経症傾向の高さは，単に落ち込みやすい傾向だけを意味するわけではありません。神経症傾向は，全般的な感情の不安定性を意味します。すなわち，時に落ち込み，時に怒り，時に心配したり傷ついたりするような，感情の揺れ動きです。したがって，この側面を時に「情緒不安定性」（それを逆転させて「情緒安定性」）と呼ぶこともあります。表 5.3 に，神経症傾向の特徴を示します。

表 5.3 神経症傾向の特徴（ゴズリング, 2008；辻, 1998；下仲他, 1999 に基づき作成）

神経症傾向（Neuroticism）の特徴

神経症傾向が高い人の特徴
　不安が強い。すぐにイライラする。動揺しやすい。心配しがち。感情の変化が大きい。
神経症傾向が低い人の特徴
　落ち着いている。リラックスする傾向。ストレスにうまく対応する。穏やかな気分。
神経症傾向の側面
　心配性　　　何か危険なことが起こりそうだと感じやすい。緊張しやすい。
　敵意・怒り　怒りを感じやすい。不当に扱われていないか，だまされていないかに敏感。
　抑うつ　　　悲しみ，みじめさ，失望を感じやすい。元気な気分に欠ける。
　自意識　　　他者にどう思われるかを気にする。恥ずかしいと感じやすい。
　衝動性　　　ずっと先の報酬よりも，目の前の報酬を選ぶ傾向。
　傷つきやすさ　ストレスに弱い。自分に価値がないと思ってしまう。
その他
　神経症傾向の得点を逆転させ，「情緒安定性（Emotional Stability）」とすることもある。

5.4　開 放 性

5.4.1　知　　能

　パーソナリティ（性格）と知能とは，まったく別の側面であるという印象があるかもしれませんが，パーソナリティの理論家たちは，時にパーソナリティの一側面として知能を扱い，時に知能とパーソナリティを並列的に扱い，時にパーソナリティと知能をまったく別の要素だとして扱ってきました。パーソナリティ心理学の歴史のなかでは，知能の研究方法をパーソナリティに応用したり，相互の関連を検討したりといった研究が数多く行われてきています。

5.4.2　言葉と因子

　「あの人は賢い」とか「彼は好奇心旺盛だ」という表現をすることがあります。開放性はまさに，このような言葉で表現されるパーソナリティ特性だということができます。

　オールポートとオドバートのリストには，「able（有能な）」「gifted（才能

のある）」「intelligent（知性のある）」といった単語が挙げられていますが，これらはパーソナリティ特性としてではなく「比喩的・不確か」な単語として分類されたなかに入っています（Allport & Odbert, 1936）。またノーマンは，「capable（有能な）」「gifted（才能のある）」といった単語を「評価語」に分類しています（Norman, 1967）。青木（1972）の研究では，「頭の回転速い―うとい」「てきぱきした―ぐずな」「興味の広い―くわず嫌いの」「進歩的―保守的」「独創的―模倣的」といった言葉が挙げられています。

ゴールドバーグは，「intelligent（知性のある）」「clever（利口な）」「logical（論理的な）」といった単語の集まりを，1つの因子「知性（Intellect）」として抽出しました（Goldberg, 1990）。同じような因子を，トゥーペスとクリスタルの研究では「文化（Culture）」（Tupes & Christal, 1961），NEO-PI-Rでは「開放性（Openness to Experience）」（Costa & McCrae, 1992），FFPQでは「遊戯性―現実性」（FFPQ 研究会, 1998, 2002），主要5因子性格検査では「知性」（村上・村上, 1997）と名づけています。

5.4.3 開放性の内容

　開放性が高いことは，知的能力の高さと完全にイコールの関係にあるわけではありません。開放性の高い人はさまざまなものに興味をもち，初めて接するものであっても試してみようと思い，あれこれと空想を巡らす傾向があります。逆に開放性の低い人は，型にはまった考え方をし，自分の知らないことにはあまり興味をもたず，伝統を重んじる保守的な傾向があります。

　開放性は高いほど良いのでしょうか。開放性があまりに高いと思考が散逸になりまとまりや現実性に欠けてしまうかもしれません。また飲酒や薬物依存に開放性が関連するという報告もあります（Trull & Sher, 1994）。表 5.4 に開放性の特徴を挙げておきます。

表 5.4 **開放性の特徴**（ゴズリング，2008；辻，1998；下仲他，1999 に基づき作成）

開放性（Openness）の特徴	
開放性が高い人の特徴	
創造的。想像力豊か。抽象的な思考をする。好奇心が強い。芸術や美術に理解がある。	
開放性が低い人の特徴	
型にはまりがち。具体的な思考。伝統を重んじる。未知のことへの興味が低い。	
開放性の側面	
空想	空想にふけったり，頭のなかであれこれ考える傾向。
芸術への関心	芸術や自然の美に関心をもち，評価する。
内的感情	自分の感情を意識し，豊かな感情表現をする。
冒険心	やったことがないことにチャレンジしたい。旅行や新しい体験に惹かれる。
知的好奇心	アイデアを練ることが楽しい。新しい考え方に寛容。知的問題に興味。
進取的価値観	権威，しきたり，伝統的価値にこだわらない傾向。
その他	
「経験への開放性」「知性」「遊戯性」という因子名になることもある。知能検査や創造性検査との関連も報告される。	

5.5 調和性

5.5.1 重視される特性

　内閣府による第 7 回世界青年意識調査では「あなたは自分自身について誇れるものを持っていますか」という質問があり，日本をはじめ韓国，アメリカ，スウェーデン，ドイツの青年たちの回答比率が掲載されています（表 5.5；内閣府，2004）。その結果では，「やさしさ」が日本と韓国で 2 位，アメリカ，スウェーデン，ドイツで 1 位と，非常に多くの各国の青年たちが「やさしさ」を「自分自身が誇れるもの」として回答しています。

　この「やさしさ」こそが，**調和性**の中心的な特徴です。表 5.5 のなかでは，開放性に相当する「賢さ，頭の良さ」，次項の誠実性に相当する「まじめ」「忍耐力，努力家」「正義感」なども上位に挙げられています。また，「明るさ」は外向性の特徴だといえます。それらのなかで調和性は，各国の青年がこれをもつことで誇りに思える，重要なパーソナリティ特性だということができるでしょう。

表 5.5　「自分自身について誇れるもの」の国際比較（内閣府，2004より）

(%)

順位 国名	1位	2位	3位	4位	5位
日本	明るさ 44.8	やさしさ 34.5	まじめ 29.5	忍耐力，努力家 26.9	体力，運動能力 22.0
韓国	明るさ 50.9	やさしさ 45.5	まじめ 44.3	忍耐力，努力家 29.5	体力，運動能力 23.8
アメリカ	やさしさ 79.6	賢さ，頭の良さ 70.0	明るさ 65.6	決断力，意志力 61.1	忍耐力，努力家 53.5
スウェーデン	やさしさ 81.4	明るさ 58.7	正義感 56.9	まじめ 47.2	忍耐力，努力家 45.1
ドイツ	やさしさ 71.3	正義感 63.2	明るさ 52.4	忍耐力，努力家 47.6	決断力，意志力 34.3

5.5.2　心の理論

　私たちは，「いま，この人はこう考えているのではないだろうか」と推測することができます。もちろん，他の人の心のなかを直接，本当に知ることができるわけではありません。私たちは，みかけ上の行動と内面で考えていることとの間にずれがあります。そのことを理解することが**心の理論**の獲得です（子安，2000）。たとえば「赤ずきんちゃん」の物語を理解するためには，赤ずきんちゃんがおばあさんの家に着いたときに，オオカミがすでにおばあさんを食べてしまっておばあさんのふりをして待っているのだということを赤ずきんちゃんは知らないのだ，という赤ずきんちゃんの心のなかを推測することが必要になります。心の理論を獲得することで赤ずきんちゃんの心のなかを推測し，物語を楽しむことができるのです。そしてこの心の理論は，3歳半以前の子どもにはまだ獲得されておらず，4歳後半から5歳頃にかけて獲得されることが示されています。

ネトルらは，大学生を対象とした実験を行い，心の理論課題と調和性との間に正の関連があることを示しました（Nettle & Liddle, 2008）。ただしどの課題にも関連するというわけではなく，他者の視線を読み取るような心の理論課題には関連せず，ストーリーを読み取る形式の心の理論課題では，調和性が高い場合に課題成績が良いことが示されました。調和性の下位側面には，人の気持ちを推測する傾向が含まれていますので，心の理論課題に関連するという結果は納得できるのではないでしょうか。

5.5.3 攻撃性

調和性が低いことは，他者のあら探しをしたりけんか腰で他者と接したりする傾向を表します。このような人物は**攻撃性**が高く，他者に対して攻撃的な感情を抱いたり，実際に攻撃的な行動に出たりしやすいと考えられます。ビッグ・ファイブから攻撃的な情動や攻撃的態度，身体的攻撃への因果関係を検討した研究によると（図 5.2），調和性の低さはいずれの側面の攻撃も助長することが示されています。

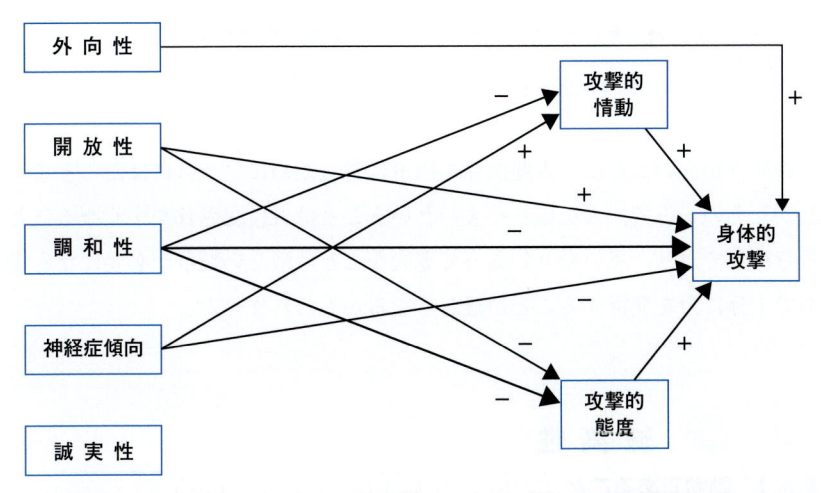

図 5.2 **ビッグ・ファイブから攻撃的情動・攻撃的態度・身体的攻撃への影響**
(Barlett & Anderson, 2012 より)

5.5.4 調和性の内容

先に述べたように，調和性の中心的な特徴は「やさしさ」です。他にも，調和性が高い人物の特徴として，寛大さ，面倒見の良さ，思いやり，人を信じやすい，人の気持ちを察することなどを挙げることができます。逆に調和性の低さは，先に示したように他者への攻撃に結びつくような特徴となります（表 5.6）。

表 5.6 調和性の特徴（ゴズリング，2008；辻，1998；下仲他，1999 に基づき作成）

調和性（Agreeableness）の特徴
調和性が高い人の特徴 　やさしい。寛大。面倒見がいい。思いやりがある。人を信じやすい。人の気持ちを察する。
調和性が低い人の特徴 　けんか腰。他者を批判しがち。冷淡。ぶっきらぼう。人のあら探しをする。とげとげしい。
調和性の側面 　信じやすい　　他の人は嘘をつかない，悪気がないものだと信じる傾向。 　素直・実直　　ごまかさない。隠しごとをするのが苦手。 　利他性　　　　人のために我慢をする。他者の利益のために譲歩する。 　従順さ　　　　人に指示を出すよりは，人の指示に従う傾向。 　謙虚さ　　　　人より勝っていることを主張しない傾向。 　同情・共感　　他者の痛みがよくわかる。人の気持ちを推測する。
その他 　「協調性」という因子名になることもある。

調和性が高いことは，人間関係を円滑に営むためにプラスにはたらきます。しかしその一方で，人を信じやすいということは人に騙されやすくなることも意味しており，思いやりがあって寛大なことは激しい競争が必要になる場面で十分に力を発揮することが難しくなるかもしれません。

5.6 誠実性

5.6.1 勤勉であること

現代社会では，勤勉に働くことが社会から求められます。それ以前の社会

でも勤勉さは求められてきたように思われますが，実際にはどうなのでしょうか。グラッドウェル（Gladwell, G.）は，多くの狩猟採集民が，かなりのんびりとした生活をしてきていることを指摘しています（グラッドウェル，2009）。狩猟採集民の場合，十分な食糧が確保できる状況であれば，それ以上の時間を労働に費やすことはあまりしません。農耕を中心とした社会になると，食糧を得るまでのプロセスが複雑になり，手間がかかるようになります。とくに日本や中国で行われてきた稲作は，水路をつくり，雑草を抜き，頻繁に水量を見て回るなど，他の穀物よりも勤勉さが求められるということです。

産業革命以降，人々は工場で働くようになり，ますます勤勉さが求められるようになってきました。学校でも課題をまじめにこなし，勤勉に勉強を積みかさねて良い成績を収めることが評価の対象となります。パーソナリティ特性のなかでもこの特性――すなわち**誠実性**の高さは，現代社会において不可欠なものとなっているということができるでしょう。

近年，自分の衝動を抑制したり，自分の感情を制御したりする，広く意志の力とも表現できるような，自己制御や自己コントロールという概念が注目されています（バウマイスター・ティアニー，2013）。誠実性の高さは，このような意志力にもつながると考えられます。

5.6.2 **達成動機**

何か価値のある目標を設定し，困難な状況にもかかわらずその目標を成し遂げようとすることを**達成動機**といいます。マクレランド（MaClelland, D. C.）は，達成動機が教育などによって高めることが可能であり，また達成動機が経済成長の原動力になると指摘しています（マクレランド，1971）。またアトキンソンは，物事を達成する傾向を達成動機と失敗回避動機との兼ね合いで決まってくると述べています（Atkinson, J. W., 1957）。

堀野　緑は達成動機の構造を検討しています（堀野，1987）。そして因子分析の結果，達成動機が「社会的達成欲求」（周囲の人との比較や認めても

らうため），「個人的達成欲求」（自分自身で設定した目標の達成），「挑戦・成功欲求」（成功したい，挑戦したい）という3つの因子で構成されることを明らかにしました。一口に何かを達成するといっても，その内容はいくつかの側面で構成されているといえます。

5.6.3 完全主義

　完全主義とは，何事にも高い目標を設定し，その目標を達成するために困難を克服しようと努力しようとする傾向を意味します。しなければいけないことを完璧にしようとすることは，自分自身を向上させるうえで重要なことです。しかし，完全主義の強い人は，何事も完璧でなければ気が済まないと思う一方で，全てのことを完璧にこなすことは非常に難しいという現実に直面します。すると，やる気を失ったり落ち込んだ状態が続いたりし，結果としてさまざまな心理的・生理的問題に結びついたりもします。

　完全主義も，いくつかの側面で構成されることがわかっています。たとえば，完全性を自己に求める「自己志向的完全主義」，完全性を他者に求める「他者志向的完全主義」，完全性を他者から求められていると感じる「社会規定的完全主義」という3つからとらえる研究があります（大谷・桜井, 1995）。また，これら3つのうち自己志向的完全主義の内容を，さらに「完全でありたいという欲求」「自分に高い目標を課す傾向」「ミス（失敗）を過度に気にする傾向」「自分の行動に漠然とした疑いをもつ傾向」という4つからとらえる研究もあります（桜井・大谷, 1997）。一方で，完全主義の認知的側面をとらえようと試みた研究もあります（小堀・丹野, 2004）。その内容は，高い目標を課すことを重視する「高目標設置」，完璧にしなければいけないと考える「完全性追求」，過度にミスを避けようとする「ミスへのとらわれ」というものでした。

5.6.4 誠実性の内容

　誠実性の特徴を，表 5.7 に示します。誠実性は，勤勉性や良心性と呼ばれ

5.6 誠実性

ることもあるパーソナリティの次元です。誠実性が高い人物の特徴は，計画的で熱心，勤勉で頼りがいがあるといったものです。「まじめな人」という表現が身近かもしれません。

表 5.7 誠実性の特徴（ゴズリング，2008；辻，1998；下仲他，1999 に基づき作成）

誠実性（Conscientiousness）の特徴
誠実性が高い人の特徴 　頼りがいがある。勤勉で仕事に集中する。計画性がある。隙がない。効率性を重視。 **誠実性が低い人の特徴** 　だらしない。遅刻しがち。不注意。衝動的。 **誠実性の側面** 　効力感　　　自分は物事を達成することができるだろうという見通しをもつ。 　秩序の重視　計画を立て，スケジュール通りに秩序正しく行動することを好む。 　責任感　　　責任をもって取り組む。仕事をなげやりにしない。 　達成追求　　目標を明確にする。目標に向かって懸命な努力をする。 　自己統制　　誘惑に惑わされず，困難なことやつらいことをやり抜く傾向。 　用心深さ　　十分に時間をかけ，検討してから決断する。 **その他** 　「勤勉性」「良心性」「統制性」という因子名になることもある。

誠実性の高さは，職業や社会生活を営むうえで有利にはたらく可能性があります。また，欲求を我慢し，自己統制する行動にも関わりますので，無謀な飲酒や喫煙，無軌道な性交渉などを避ける傾向もあります。誠実性がきわめて高い人物は，少しだけ長生きする傾向があるという研究結果もあります（Kern & Friedman, 2008）。

ただし，誠実性の高さは完全主義や応用力のなさ，凝り固まった考え方に陥る場合もあります。したがって，これまでのパーソナリティ次元と同様に，誠実性も高ければ高いほど絶対に望ましいとはいえません。どのパーソナリティ特性にも，長所と短所が兼ね備わっているのです。

参考図書

杉浦義典・丹野義彦(2008). パーソナリティと臨床の心理学——次元モデルによる統合—— 培風館

　パーソナリティ心理学と臨床心理学との接点を，新たな視点で見出そうと試みています。

丹野義彦・石垣琢麿・坂本真士(2009). 臨床と性格の心理学 岩波書店

　心理的不調の背後にあるパーソナリティや思考の偏りを初学者にもわかりやすく解説しています。

辻　一郎(2010). 病気になりやすい「性格」——5万人調査からの報告—— 朝日新聞出版

　大規模な疫学調査から，パーソナリティ（主にアイゼンクのモデル）と健康との関連を検討しています。

第6章

ビッグ・ファイブの評価とその他の見方

　ビッグ・ファイブは，パーソナリティの最終的で決定的な見方なのでしょうか。必ずしもそうではありません。世界中には，ビッグ・ファイブとは異なるパーソナリティの見方をする研究者も少なくありません。
　そもそもパーソナリティは，直接測定することが困難な構成概念であり，言語を介して表現されるものです。さらに，多くのデータを用いて統計的な処理をすることによって，間接的にそのまとまりを観察することができるものです。その手続きは複雑なものであり，ちょっとした前提の差が大きな結論の相違に結びつくことも十分に考えられます。
　いずれにしても，研究が現在も進展し，多様な見方がなされている様子を，この章では見ていきたいと思います。

6.1 ビッグ・ファイブの意義と批判

6.1.1 人間―状況論争

1970年代から80年代にかけて繰り広げられた**人間―状況論争**（一貫性論争）のなかで，パーソナリティ特性論は批判の対象となりました。アメリカの心理学者ミシェル（Mischel, W.）は，パーソナリティが状況を越えて一貫するかどうかについて疑問を呈しました（ミシェル，1992）。ミシェルの指摘は，**表 6.1** の 4 点にまとめることができます。

表 6.1　ミシェルの指摘の要点（若林，2009 に基づき作成）

1. **特性に基づく行動の一貫性への疑問**……認知能力を除けば，人間の行動に長期間にわたる安定性や状況を通じた一貫性を示すことはない。
2. **行動の原因としての特性概念への疑問**……安定したパーソナリティ特性の根拠とされる個人の行動は，実際には状況に規定されていることが多く，特性によって行動を説明することはできない。
3. **パーソナリティ検査の予測的妥当性への疑問**……伝統的なパーソナリティ研究で使用されている測定法は，特定の状況における個人の行動を予測することはできない。
4. **特性の名辞性**……パーソナリティ特性は人間の行動を体系的にとらえるために使用する記述的カテゴリを表すラベルであり，実際の行動的規則性や内的構造を反映している概念ではない。

　ミシェルは，安定したパーソナリティ特性の指標だとされる行動が，実際には状況に依存しており，測定のために使用される形式にも依存していることを指摘しました。つまり，人々の行動が一貫してみえる（パーソナリティが存在しているようにみえる）背景には，同じような状況での観察や，同じような方法での測定があるのだという指摘です。また，パーソナリティ特性と行動との相関係数がせいぜい 0.3 程度にすぎないということも述べています。

　相関係数が 0.3 というのは，一方の変数でもう片方の変数のばらつきのうち 9％を説明するだけということです。言い換えると，パーソナリティによ

って行動を予測できる割合は，9％にすぎないということになります。ただしこの点については，カリフォルニア大学リヴァーサイド校のファンダー (Funder, D.) が講演のなかで[6]，標高（界面からの高さ）が上がれば気温が下がることは教科書にも載っているが，その相関係数は−0.3 程度しかない，ということを指摘しています。いくつくらいの相関係数であれば適切かという問題は，実際にはどのような文脈でその相関係数を扱うかに依存します。つまり，パーソナリティと行動との相関係数が 0.3 という状況をみたときに，他にもさまざまな要因によって行動が生じるのが当然なのでその程度で妥当だと考えるか，それでは明らかに不足だと考えるか，立場によって考え方が異なるということでしょう。

6.1.2 ビッグ・ファイブを使用する意義

　ビッグ・ファイブや 5 因子モデルは，人間─状況論争の議論のあとで，その一つの回答として提出されたものだといえます。人間─状況論争の際には，「行動に影響を与えるのはパーソナリティか状況かどちらか」ということが議論にのぼりました。現在ではそのような二者択一ではなく，パーソナリティと状況の双方を考慮してさまざまな行動や現象を説明しようとするモデルを立てていくのが当たり前になっています。そのような説明要因の一つとして，パーソナリティが扱われるということです。

　またビッグ・ファイブの 5 つの因子は，複数の言語，複数の評定者（自分自身を評定したり，他者を評定したり），質問と回答の異なるフォーマット（形容詞や文章）においても，ある程度の再現性があります。もちろん，文化や回答者によっては，異なる因子が見出されることもありますが，おおよそ世界中の多様な文化を通じて共通して見出されるものとされています。

---

[6] Funder, D. C. (2011). パーソナリティをどう捉えるか──人─状況論争を超えて── 日本感情心理学会第 19 回大会・日本パーソナリティ心理学会第 20 回大会国際交流委員会企画シンポジウム

ビッグ・ファイブが提唱される以前は，それぞれの研究者が独自のパーソナリティ特性を考案し，概念が乱立する状況に陥ることもありました。しかし，ビッグ・ファイブ提唱以降は，それぞれの概念をビッグ・ファイブで記述するとこうなる，というように，ビッグ・ファイブが概念間の翻訳の役割を担うというメリットも出てきました。また，ビッグ・ファイブの構造が文化を越えて共通する可能性が出てきたということで，各国の言語で研究する研究者間の通訳としての役割を担うこともあります。このように，研究者にとってビッグ・ファイブは，非常に有用なツールだということができます。

また心理学者以外の人々にとってビッグ・ファイブは，自分自身や他者のパーソナリティ理解の枠組みを提供するものになり得ます。ビッグ・ファイブの話を聞くと，「パーソナリティの次元は5つしかないのだろうか」と思う人がいるようです。しかし，普段の生活のなかで，5つの次元を思い浮かべて自分自身や周囲の人のパーソナリティを判断しているという人は，少ないように思います。多くの人は，「あの人は○○な性格だ」と類型論的に評価しているのではないでしょうか。ビッグ・ファイブは，第4章の扉文で述べたような，ゲームのキャラクターに設定された複数のパラメータを提供してくれます。ビッグ・ファイブで示される5つの特性は，もっとも効率的に人間全体のパーソナリティを表現するものですので，人々のパーソナリティの違いをうまく表現する際に，これらの特性をうまく使うことで効率よく表現することができるのではないでしょうか。

6.1.3 ビッグ・ファイブへの批判

ビッグ・ファイブは，あくまでも因子分析という統計手法によって，言語を介してパーソナリティを把握する際に見出されたものです。因子分析という統計手法は，いくつの因子を設定するのか，研究者の裁量に委ねられる場面が多々あります。とくに，分析に投入する変数（形容詞や質問項目）が多くなればなるほど，判断が難しくなっていきます。この点に関しては，後に述べるように，5因子とは異なる見解を主張する研究者もいます。

6.1 ビッグ・ファイブの意義と批判

　また，言語を扱うという点も重要です。すなわち，異なる言語間で同じことを指しているといえるのかという問題です。もしも国や地域，文化によって言語が指し示す人間の特徴が異なってくるようであれば，異なる言語間のパーソナリティ構造を比較し，共通性を見出そうとする試みは難しくなってしまいます。この点について若林明雄 (2009) は，どのような行動特徴を重視するか，また行動特徴それぞれの社会的価値（評価）については，文化によって異なることは間違いないが，行動の分節化（行動のカテゴリ化）に関しては，一定の普遍性が存在する可能性は否定できないといえるのかもしれない，と述べています。各国の辞書からおおよそ同じような割合でパーソナリティに関連する語が見出されていることも，これを裏付けているのかもしれません。

　また，言語で表現されるパーソナリティは，何らかの実体を伴っているのか，それとも単なる人間の認識の枠組みにすぎないのか，という問題もあります。この点については，自分自身が報告する内容と，他者が報告する内容との間にある程度の関連が認められること，また複数の観察者間の回答にある程度の一致が認められることが挙げられます。少なくとも，ある人物を見た際に，共通した枠組みのなかで同じような人物として見ている可能性があるとはいえそうです。また後に述べるように，言語のなかで見出された5つのパーソナリティ特性が，脳神経科学や行動遺伝学などによって生物学的な機能と関連すること，疫学研究などによって寿命や病気と関連すること，そして多くの研究によって経済・消費活動やインターネット上，対人関係など現実のさまざまな行動に関連することが明らかとなってきており，言語であっても構成概念としてのパーソナリティを何らかの形である程度うまく反映しているということができるのではないかという状況となっています。

6.2 他の因子数モデル

6.2.1 7因子モデル

イスラエルのアルマゴールとアメリカのテレゲン，ウォーラーは，252個のヘブライ語による特性語を用いて調査を行い，7つの因子を見出しました (Almagor, M., Tellegen, A., & Waller, N. G., 1995)。カリフォルニア大学デーヴィス校のベネットとウォーラーも，アメリカとスペインの人々を対象とした調査から，同様の7因子構造がみられることを明らかにしています (Benet, V., & Waller, N. G., 1995)。これら **7因子モデル** の因子は，**表 6.2** に示す内容となっています。

表 6.2 7因子の内容 (Almagor et al., 1995 ; Benet et al., 1995 ; 若林, 2009 より作成)

名　　称	内　　容
ポジティブな誘意性 (positive valence)	卓越した，優秀な，重要な，立派な，平凡な（逆），平均的な（逆），など。
ネガティブな誘意性 (negative valence)	残酷な，意地の悪い，感じの悪い，堕落した，信頼出来ない，など。
ポジティブな情動性 (positive emotionality)	話し好きの，社交的な，愛想のよい，控えめな（逆），一匹狼（逆），など。
ネガティブな情動性 (negative valence)	罪悪感の強い，神経質な，孤独を感じる，苛立ちやすい，など。
誠実性・信頼性 (conscientiousness/ dependability)	繊細な，節度のある，きれい好きな，規則正しい，迅速な，頑固な，用心深い，など。
調和性 (agreeableness)	親切な，利他主義の，礼儀正しい，博愛主義の，平和主義の，など。
因習性 (conventionality)	伝統的な，古風な，進歩的な（逆），先鋭的な（逆），一風変わった（逆），など。

(注)（逆）は逆転項目。

この7つの因子と，ビッグ・ファイブとの対応関係を検討した研究があり

ます（Simms, 2007）。その研究によると、「神経症傾向」と「ネガティブな情動性」、「外向性」と「ポジティブな情動性」、「誠実性」と「誠実性・信頼性」、そして「調和性」どうしが5因子と7因子で対応するということです。また「因習性」は、内容的には開放性（の逆）に近いと思われますが、この研究では明確な対応関係が見出されませんでした。残りの「ポジティブな誘意性」は神経症傾向の低さと外向性・誠実性・開放性の高さに対応し、「ネガティブな誘意性」は誠実性・調和性の低さに対応するという結果が得られています。7つの次元は、ビッグ・ファイブと1対1で対応する部分もありますが、いくつかの次元を組み合わせたり、少し異なる次元を表現したりもしているようです。

6.2.2 HEXACO モデル

HEXACO（ヘキサコ）モデルは、ビッグ・ファイブのように心理辞書的研究からスタートし、6つのパーソナリティ次元を見出したというモデルです。もっとも特徴的なのは、「正直さ（誠実さ）―謙虚さ（Honesty-Humility）」という次元が加わっていることです（Ashton & Lee, 2001；Ashton et al., 2004；Ashton et al., 2006）。この次元には、「誠実な」「信頼できる」「正直な」「ずる賢い（逆）」「尊大な（逆）」などの単語が含まれます。この6次元モデルについては、英語のみならずイタリア語、オランダ語、フランス語、ドイツ語、ハンガリー語、韓国語、ポーランド語でも共通した内容が得られているという報告があります（Ashton et al., 2004；Ashton et al., 2006）。

また"HEXACO"とは、6つのパーソナリティ次元からアルファベットをとったものです。Eが情動性と、ビッグ・ファイブの神経症傾向に対応する内容になっている点に注意して下さい（ビッグ・ファイブではEは外向性になります）。

　H：Honesty-Humility（正直さ・誠実さ―謙虚さ）
　E：Emotionality（情動性）
　X：eXtraversion（外向性）

A：Agreeableness（調和性・協調性）
C：Conscientiousness（誠実性・勤勉性）
O：Openness to Experience（経験への開放性）

H以外の5つについてはおおよそビッグ・ファイブに対応するパーソナリティ次元となっていますが，内容が完全に一致しているわけではありません。このことからも，ビッグ・ファイブの5つの因子が，必ずしも最終的・決定的なパーソナリティのモデルであるとはいい切れない可能性があると考える研究者がいることがわかります。

6.2.3　3因子モデル

ドラードらは，英語，ドイツ語，オランダ語，ポーランド語，韓国語など12の言語において測定されたパーソナリティ用語のデータから，いくつの因子が得られるかを検討しています（De Raad, B. et al., 2010）。それぞれのデータに対して1因子から6因子までを順に抽出していき，12の言語で得られた結果がどの程度共通するかを検討していきました。その結果，もっとも言語間で共通する因子が見られたのは，3因子を抽出したときだということを報告しています。またその後の研究でドラードらは，複数の言語に共通する3つの核となる因子を，活力（dynamism），親和（affiliation），秩序（order）と名付けています（De Raad, B. et al., 2014）。

6.2.4　2因子モデル

第4章（p.54）でも研究を紹介したディグマンは，ビッグ・ファイブの上位に，さらに2つの因子が存在することを示しました（2因子モデル；Digman, 1997）。一つ目の上位因子は「α」と呼ばれ，神経症傾向・誠実性・調和性の上位に位置します。もう一つの上位因子は「β」と呼ばれ，外向性と開放性の上位に位置します。表6.3に，7つの研究で得られたビッグ・ファイブの5つの特性のデータを，さらに因子分析した結果を示します（Digman, 1997）。これらのデータはそれぞれ，異なるビッグ・ファイブの

尺度を異なる人々に実施したものです。結果から，多くの研究で5つの特性が α と β の2つの因子にさらに分かれていく様子がわかります。

表6.3 ビッグ・ファイブの因子分析比較（Digman, 1997に基づき作成）

		Digman 1 (1994)		Digman 2 (1994)		Digman (1963)		Digman & Takemoto- Chock (1981)		Graziano & Ward (1992)		Yik & Bond (1993)		John et al. 1 (1984)	
		α	β	α	β	α	β	α	β	α	β	α	β	α	β
N	神経症傾向	.66	.46	.76	.12	.41	.41	.84	.08	.35	.35	.55	.42	.72	.28
E	外向性	-.22	.77	-.09	.65	-.03	.69	-.15	.82	.16	.71	.18	.78	.16	.73
O	開放性	.28	.55	.24	.68	.25	.61	.14	.81	.21	.76	.24	.65	.06	.39
A	調和性	-.81	-.36	.68	-.32	.70	.19	.80	-.17	.72	.16	.79	.28	.72	.10
C	誠実性	.82	.13	.72	.29	.87	.02	.84	.06	.66	.19	.75	.13	.25	.47

		John et al. 2 (1984)		Costa & McCrae 1 (1992)		Costa & McCrae 2 (1992)		Costa & McCrae 3 (1992)		Costa, McCrae & Dye (1991)		Barrick & Mount (1993)		Goldberg (1992)	
		α	β	α	β	α	β	α	β	α	β	α	β	α	β
N	神経症傾向	.58	.20	.72	.11	.73	.31	.68	.08	.70	.09	.66	.08	.48	.12
E	外向性	.27	.56	.17	.69	.25	.47	.23	.62	.18	.66	-.04	-.41	.16	.46
O	開放性	.10	.48	.10	.72	.27	.74	-.09	.58	-.12	.59	-.05	.57	-.11	.45
A	調和性	.61	.13	.50	.16	.74	.34	.35	-.03	.30	-.12	.49	-.23	.43	-.05
C	誠実性	.46	.23	.50	.06	.27	.56	.70	.12	.63	.12	.57	.06	.32	.00

（注）0.50以上の負荷量に下線を示した。

　アメリカのパーソナリティ心理学者デヤングらは，ディグマンと同じ2つの上位因子が見出されることを再確認しています（DeYoung, C. G., Peterson, J. B., & Higgins, D. M., 2002）。そして彼らは，この上位因子を別の名前で呼んでいます。α に相当する因子が「安定性（stability）」，β に相当する因子が「柔軟性（plasticity）」です（図6.1）。安定性は，やる気や良い感情，社会的相互作用に関わるとされています。また柔軟性は，新しくやりがいのある経験を積極的に求めることに関わります。

　アメリカのパーソナリティ心理学者ソーサーらは，中国語，韓国語，フィリピン語，トルコ語，ギリシャ語など9つの言語に共通するパーソナリティ因子として，社会的自己制御（social self-regulation）と活力（dynamism）の2つの因子を見出しました（Saucier, G., 2013）。ソーサーらはこの2つの因子を「ビッグ・ツー」（Big Two）と名付けています。

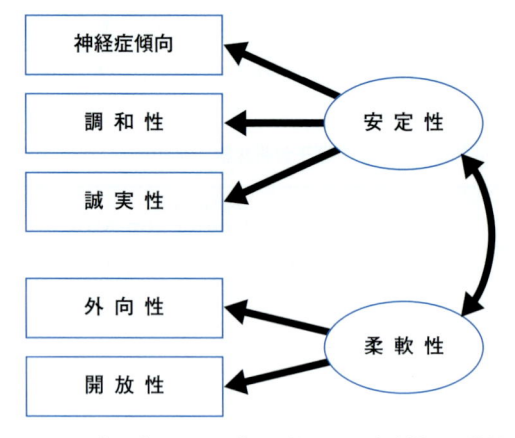

図6.1 ビッグ・ファイブの上位因子：安定性と柔軟性

6.2.5 １因子に収束するのか

　カナダの心理学者ラシュトンらは，2つの因子のさらに上に，1つの大きな因子「パーソナリティの一般因子（General Factor of Personality；GFP）」が見出される可能性を示しました（Rushton, J. P., & Irwing, P., 2008）。ラシュトンらは，表6.3のディグマンが用いたものと同じデータを分析することで，α（安定性）とβ（柔軟性）の上位に，GFP因子を設定することが可能であることを示したのです。そして，このパーソナリティの最上位の因子であるGFPは，複数の研究で繰返し示されてきています（Rushton & Erdle, 2009；Rushton, Irwing, & Booth, 2010；van der Linden, Nijenhuis, & Bakker, 2010）（図6.2）。

　第4章（p. 44）で示したように，知能に関しては1つの「g因子」に収束する可能性があることが示されています。しかし，パーソナリティが1つの因子に収束するというのは，何を意味するのでしょうか。一方では，このようなパーソナリティの統合的な因子を積極的に解釈しようとする研究があります（Figueredo et al., 2006）。しかしその一方で，ノースウェスタン大学のパーソナリティ心理学者レヴェルたちは，GFPは因子分析手法によって人

6.3 他の理論モデル

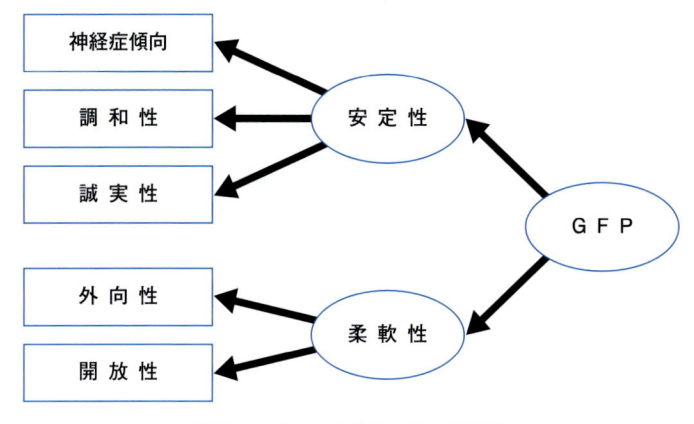

図 6.2 パーソナリティの一般因子

工的に生まれたものであり，本来のパーソナリティを反映したものではないと批判しています（Revelle, W., & Wilt, J., 2013）。

6.3 他の理論モデル

6.3.1 グレイのモデル

　イギリスの心理学者グレイは，アイゼンクのパーソナリティ理論を発展させるモデルを提唱しました。第4章（p.49）で示したように，アイゼンクは神経症傾向と外向性を組み合わせることで，4つのグループを見出し，それが四気質説にも対応することを示しています。またアイゼンクの理論ではとくに，「内向的かつ神経症傾向が高い人々」と「外向的かつ神経症傾向が高い人々」が注目されていました。内向的で神経症傾向が高い人々は不安が強く，外向的で神経症傾向が高い人々は衝動性が強い特徴をもちます。グレイの理論は，図6.3のようにその不安と衝動性の次元を直接把握しようと試みるところに特徴があります（Gray, J. A., 1971, 1987；Gray & McNaughton, 2003）。

　なおグレイは，言語と質問紙，因子分析によってこの次元を見出したわけ

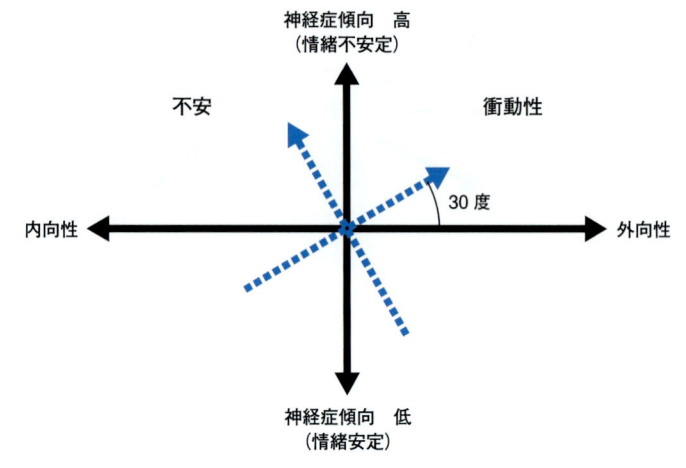

図 6.3　アイゼンクのモデルとグレイのモデル
不安と衝動性をもっとも説明するのは，軸を 30 度傾けたときだとされている。

ではなく，生物学的・神経科学的な実験や観察に基づいてこれらの次元を提唱しました。「不安」の背景には「行動抑制系」（Behavioral Inhibition System；BIS）という動機づけのシステムが仮定されています。このシステムは，罰や無報酬，新奇の刺激，恐怖を引き起こす刺激を受けてはたらくものであり，行動を抑制したり注意を喚起したりする行動を引き起こします。その一方で「衝動性」の背景には，「行動賦活系」（Behavioral Activation System；BAS）という動機づけシステムの存在が仮定されています。このシステムは，報酬や罰の不在によってはたらくものであり，目標の達成に向けて行動を引き起こします。

　近年では，FFFS（Fight-Flight-Freezing System；闘うか逃げるかすくむかシステム）と BIS/BAS とを結びつけたモデルも立てられています（Gray & McNaughton, 2003）。そのモデルでは，FFFS が罰を予測するような否定的な刺激の検出器としてはたらき，BAS は報酬を予測する検出器として機能します。たとえば，新たな出来事に遭遇すると，その新奇性は罰も報酬も予測させます。そのようなとき，これらの検出器からの情報が葛藤を引き起

こし，BIS のシステムにおいて不安を喚起させるということです。

　近年では，グレイのモデルに沿って気質を測定する質問紙も開発されており（BIS/BAS 尺度），日本語版も作成されています（高橋他，2007；安田・佐藤，2002）。そしてこの尺度によって，世界中で数多くの研究が行われています。

6.3.2 クロニンジャーのモデル

　アメリカの精神医学者であるクロニンジャーは，精神障害に特有のパーソナリティを説明するために，生物学的な研究や臨床場面における知見に基づき，独自の気質と性格に関する理論を構築しました（Cloninger, C. R., Svrakic, D. M., & Przybeck, T. R., 1993；木島他，1996）。クロニンジャーが述べる「気質」とは，情動的な刺激に対する自動的な反応にみられる傾向で，遺伝的な要因に規定され，文化や社会生活を通じて安定している部分であると仮定されています。それに対して「性格」[7] は，他者との関係のなかで表れてくる個人差で，気質と家族環境，個人の経験の相互作用の結果として発達するとされています（若林，2009）。

　クロニンジャーの気質次元は 4 つあり，「新奇性追求」「損害回避」「報酬依存」「持続・固執」と呼ばれています（表 6.4）。これらは，「新奇性追求」が行動の触発，「損害回避」が行動の抑制，「報酬依存」が行動の維持，「持続・固執」が行動の固着という基本的な特徴に関連するとされています。また，性格には 3 つの次元があり（表 6.4），「自己志向」「協調」「自己超越」という名前がつけられています。「自己志向」は，自己決定と意志力を基本概念とし，各個人が選択した目的や価値観に従って，状況に合う行動を統制・調整・調節する能力のこととされています。「協調」は，他者の確認と受容に関する個人差を説明するものであり，社会的受容や協力性，他人の権利に

---

[7]　クロニンジャーのモデルでは，personality ではなく character という単語が使われています。

対する関心に関わります。「自己超越」は，すべてのものが1つの全体の一部であるとする統一意識をもつことを含み，自然とその資源の受容・確認・霊的統合という統一的観点をもつことを意味します。

表6.4 クロニンジャーの7次元の特徴

【気　質】
新奇性追求（Novelty Seeking；NS）：衝動的・無秩序　vs.　慎重・倹約
損害回避（Harm Avoidance；HA）：不安・悲観　vs.　のんき・危険行動
報酬依存（Reward Dependence；RD）：信頼・温情　vs.　無関心・無批判
持続・固執（Persistence；P）：勤勉・野心　vs.　怠惰・謙虚
【性　格】
自己志向（Self-Directedness；SD）：責任感・臨機応変　vs.　非難・不安定
協調（Cooperativeness；C）：共感・優しい　vs.　利己的・敵意
自己超越（Self-Transcendence；ST）：想像力・観念主義　vs.　伝統的・唯物主義

クロニンジャーは，これら7つの次元を測定するTCI（Temperament and Character Inventory）と呼ばれる検査を開発しました（Cloninger et al., 1993）。また日本語版は，木島伸彦他（1996）によって開発が行われています。TCIは「はい」「いいえ」で回答する240項目で構成され，世界中の多くの研究で用いられています。

6.3.3 ズッカーマンの理論

アメリカの心理学者ズッカーマン（Zuckerman, M.）は，**刺激希求性**[8]（sensation seeking）という概念を提唱しました。刺激希求性は，多様な刺激，新規な刺激，複雑な刺激への欲求であり，危険や体験への欲求の個人差を表す概念です。

もともとこの概念は，感覚遮断実験における個人差を説明するために提唱されたものでした。感覚遮断実験とは次のような実験です（古澤，2010）。

---

[8] 「刺激欲求」「感覚追求」と訳されることもあります。

6.3 他の理論モデル

まず実験参加者を小さな防音室に入れ，ベッドに寝かせます。目にはゴーグル，耳には気泡入りのゴムが入れられ，腕には綿製のグローブがつけられます。このような措置をされることで，視覚や聴覚，触覚が制限された状態になります。この状態のまま，食事やトイレをのぞいて数十時間経過を観察します。このような感覚遮断実験を行うことで，このような状況にすぐ耐えることができなくなる実験参加者と，1週間でも平気でいられる参加者がいることが明らかにされました。ズッカーマンたちは，このような個人差を測定するために刺激希求性尺度（Sensation Seeking Scale；SSS）を作成しました（Zuckerman, Kolin, Price, & Zoob, 1964）。この尺度は，表 6.5 の4つの下位尺度で構成されることが明らかにされています。

表 6.5 刺激希求性の4下位尺度（古澤，2010 を改変）

下位尺度名	内容
スリルと冒険の追求 Thrill and Adventure Seeking（TAS）	スピードや危険なスポーツ・活動に従事する傾向。
体験の追求 Experience Seeking（ES）	新しい体験や変わった体験をしてみようという欲求。
脱抑制 Disinhibition（Dis）	社会的な抑制を解除させることへの欲求。
退屈への敏感さ Boredom Susceptibility（BS）	刺激に対する慣れやすさ，繰返しに対する嫌悪。

ズッカーマンは多くの質問項目を因子分析することによって，パーソナリティを少数の次元で記述することも提案しました。そしてこの提案に基づく，ZKPQ（Zuckerman-Kuhlman Personality Questionnaire）を作成しました（Zuckerman, 2002）。ZKPQ は，「衝動性―刺激希求性（Impulsive Sensation Seeking；ImpSS）」「神経症傾向―不安（Neuroticism-Anxiety；N-Anx）」「攻撃性―敵意（Aggression-Hostility；Agg-Host）」「活動性（Activity；Act）」「社交性（Sociability；Sy）」という5つの下位尺度で構成されています。なお，

ZKPQ は 100 項目で構成される尺度ですが，35 項目（各下位尺度 7 項目）で構成される短縮版（ZKPQ-S）も作成されています。

参考図書

渡邊芳之（2010）．性格とはなんだったのか――心理学と日常概念――　新曜社
　パーソナリティ（性格）心理学の歴史から，一貫性論争，そして性格とは何かを詳細に説明しています。

若林明雄（2009）．パーソナリティとは何か――その概念と理論――　培風館
　とくにヨーロッパで展開しているパーソナリティ心理学の研究動向を中心に，パーソナリティが何かを解説しています。

箱田裕司（編）（2011）．現代の認知心理学 7――認知の個人差――　北大路書房
　記憶や思考など，認知活動の個人差を広く専門的に概観しています。

第7章

測定上の注意

「あなたは今,森の中にいます。しばらく歩いて行くと,動物に出会いました。その動物とは,次のうちのどれでしょう……」

もしかしたら読者の皆さんも,どこかでこういった心理ゲームを目にしたことがあるかもしれません。このような心理ゲームでは多くの場合,状況設定の後でいくつかの選択肢が提示されます。そして,「1を選んだあなたは……」と,解説がなされます。

心理学でも,パーソナリティを測定することがあります。それは学問的なパーソナリティの研究にも用いられるものです。では,雑誌などで目にする心理ゲームと,研究で用いられる心理検査や心理尺度は,同じようなものなのでしょうか。

この章では,パーソナリティを測定する方法やその意味についてみていきたいと思います。

7.1 テストについて

7.1.1 心理学以前

人間がもつ何らかの心的個人差を測定し，それを社会へ活かそうという試みは西洋世界ではそれほど古いものではありません。古代・中世・近世の西洋世界には多くの思想家が活躍しましたが，人間の個人差を測定し，それを議論のもととする考えが欠けているという共通点があります（ホーガン，2010）。

中国では，科挙という制度が西暦587年から行われていました（宮崎，1963）。科挙とは，広く人民のなかから優秀な人物を登用するための試験制度のことです。隋の文帝の時代，地方政府に対する世襲的な貴族の優先権を認めず，すべて中央政府から任命派遣することに決めました。そのために，中央政府は優秀な官吏候補者を多数確保しておかなければならなくなり，科挙の制度を成立させたということです。科挙は学んだ内容が試験に出される，いわば学力試験の原型のようなものといえます。学んで身につける内容は，儒教の経書のなかでとくに重要とされる四書（論語，大学，中庸，孟子）と五経（易経，書経，詩経，礼記，春秋）が中心でした。この古くから行われている科挙のシステムは，現在の公務員試験や就職試験につながっているとみることもできるでしょう。

7.1.2 初期のテスト

現在用いられている個人差の測定方法や統計手法に貢献した人物として，ダーウィンのいとこでイギリスの学者であるゴールトン（Galton, F.）を挙げることができます。彼は能力の遺伝に関心をもち，能力の個人差の測定や相関概念の提唱などを行いました。

また「メンタルテスト（mental test）」という用語を作った人物に，アメリカの心理学者ジェームズ・キャッテル[9]（Cattell, J. M.）がいます。キャ

---

[9] 第4章で出てきたキャッテル（レイモンド・キャッテル）とは別の人物です。

ッテルも，人間の個人差を特徴づけるデータの収集を試みました。キャッテルは多くのテストを考案しましたが，次の 10 のテストが，人間の個人差を測定する中心的なものだと考えていました。すなわち，「握力」「動きの速さ」「感覚域」「痛覚」「重さの識別」「反応時間」「色の命名」「50 cm の線分の等分割」「10 秒間の判断」「文字の記憶数」というものでした。

　フランスでは，ビネー（Binet, A.）が世界で最初の知能検査を開発しました。フランスでは義務教育が行われるようになり，学校の授業についていけない児童が問題となっていました。そこで，就学前のスクリーニング検査として，知能検査が開発されました。最初の知能検査は 1905 年に出版され，その後 1908 年，1911 年に改訂されています。1908 年版では，初めて「精神年齢（mental age）」という用語が用いられました。なお，1904 年には，アメリカの心理学者スピアマン（Spearman, C.）が，知能の 2 因子説を提唱しました。これは，種々のメンタルテストの結果が相互に関連しており，その背後には共通した一般知能因子（g 因子）があり，個々のメンタルテストにはそれぞれ固有の特殊因子（s 因子）が影響しているという説です。スピアマンは実際に因子分析を行うことで，この説を統計的に示しました。

　「1880 年代はゴールトン，1890 年代はキャッテル，1900 年代はビネーの時代」（Boring, 1950）といわれるように，人間の心理学的な側面を測定するテストの初期段階には，この 3 名が大きく貢献したといえます。

7.1.3 知能検査の広がり

　心理学的検査が社会のなかで影響力をもつようになった背景には，知能検査の存在があります。20 世紀初頭に開発された知能検査は，短期間で日本を含め世界中に広がっていきました。そして，教育場面や医療場面だけでなく，軍事場面でも知能検査が活用されていきます。

　私たちは，興味本位で他者の心を測定するわけではありません。能力や学力，適性といった心の状態を測定することには目的があります。たとえば，ある集団に属する人物を選定するためです。入学試験や公務員試験，就職試

験は，希望する人々の能力や適性という心理学的な特徴を，何らかの形で測定し，その結果に基づいて選抜を行っています。学校場面では学力テストが生徒の成績評価や指導に用いられます。学力はパーソナリティとは異なりますが，やはり目に見えない心理学的な構成概念である点は同じです。またたとえば，裁判の際に当事者の責任能力や精神状態を判断するために，心理検査等を精神鑑定に利用することもあります。

人々を評価するという行為は，社会的な影響力をもつものです。時にそれは，特定の人々の差別や排除の道具として用いられることもあります。このような道具を使用する際には，十分な注意が必要だといえるでしょう。

7.1.4 構成概念を測定する

第1章で説明したように，パーソナリティは直接測定することが困難な構成概念です。直接的に測定することが困難ではあるのですが，言語や行動を介して間接的に測定を試みることができます。

パーソナリティは状況要因とともに，行動に影響を及ぼすことが仮定されています。この行動の部分を，質問と回答に置き換えると，図7.1のようになります。ある質問に対する回答には，パーソナリティも影響を及ぼしますし，パーソナリティ以外のその他さまざまな要因も影響を及ぼします。その他の要因として何が考えられるかというと，たとえば回答しているときの周囲の状況（騒がしかったり，話しかけられていたり），質問に答える以前の経験（叱られた直後だった，けんかをした直後だった，告白された後だった，など），質問そのものの要因（質問の意味が分からない，漢字が読めない，など），その他さまざまな要因が「その他」のなかに含まれます（小塩，2010）。

つまり，図7.1において「その他」の要素を小さくしていくと，「あなたは……ですか？」の回答に対して，相対的にパーソナリティの影響が大きくなっていくことになります。この「その他」の要因のことを，誤差（error；エラー）を表現することもあります。

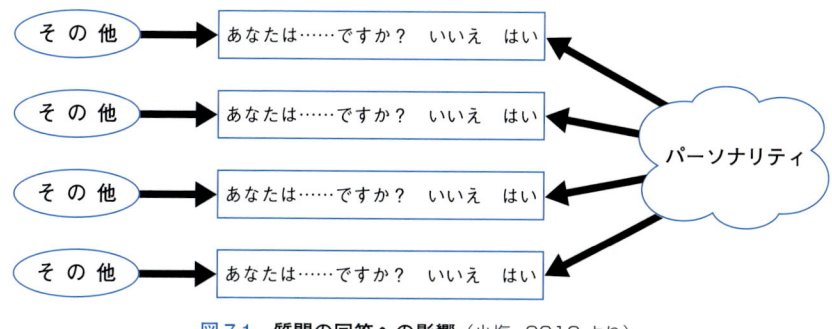

図 7.1 質問の回答への影響 (小塩, 2010 より)

　また, 図 7.1 に示されているように, 質問と回答のセットが複数用意されていることも重要な点です。質問項目を複数用意することによって, たまたまの回答であるのか, 一貫した傾向が回答に反映しているのかを, ある程度判断することができるようになります。

　さて, このような測定を行う際に重要な観点は,「信頼性」と「妥当性」です。以下では, この 2 つの観点について説明したいと思います。

7.2 信頼性

7.2.1 信頼性とは

　普段の会話のなかでも「信頼性」という言葉を使うことがあるのではないでしょうか。たとえば「あの人の発言は信頼性が高い」といった発言などです。しかし, テストにおける信頼性 (reliability) とは, そのテストが一貫し, 安定して何かを測定しているかどうかを問題にすることを意味します。なおここでは, 何を測定しているかは問題になりません。何を測定しているかはわかりませんが, とにかく測定された値が安定しているのかということが問題となります。

　「信頼性が高い」とは, 測定の際の誤差が少ないことを意味します。たとえば, ある人が体重計に乗ったとき, 本来取るべき値が「50 kg」だとしま

しょう。信頼性が高く誤差が少ない体重計の場合には，「49.5 kg」や「50.5 kg」など，おおよそ50 kg近くの値を示します。その一方で信頼性が低く誤差が多い体重計の場合には，「40 kg」や「60 kg」など，50 kgからかけ離れた値を取る可能性が高くなります。

7.2.2 信頼性の求め方

　信頼性を確認するためには，いくつかの方法があります。

　第1に「再検査信頼性」です。これは，同じ人物集団に対して同じテストをもう一度繰り返して実施し，テスト―再テスト間で得られた相関係数を信頼性の指標とするものです。テスト―再テスト間の間隔をどの程度にするかについては，絶対的な基準があるわけではありません。もしもあまりに長い間隔（数カ月や数年間など）をあけると，測定しようとしている特性そのものが変化してしまうかもしれません。また，一時的な感情のように変化しやすい特性の場合には，再検査信頼性がむしろ低いほうが適切だということもあります。

　第2に，「評定者間信頼性（採点者間信頼性）」という考え方です。これは，複数の人が同じ人物や行動を観察したときに，同じような評価をするかどうかを問題とするものです。信頼性の指標には，相関係数や級内相関係数（ICC）という統計指標が用いられます。

　以上の2つは，同じテストを繰返し実施する，また複数の評定者が実施することによる信頼性の確認方法です。信頼性には別の観点から確認する手法があります。以下に述べる方法は，内的整合性（内的一貫性）による信頼性の確認方法です。

　第3の方法は「折半法」と呼ばれるものです。これは，テストを何らかの方法で半分に分け，両者の関連を検討することで信頼性の指標とするものです。たとえば，20問からなる数学のテストを，問題番号が偶数の問題と奇数の問題に分けて正答数を合計します。もしも，20問の問題が同じような数学の学力を測定しているのであれば，分けられた2つのテストの部分どう

しは，高い関連を示すということです。

　第4に，「α係数（クロンバックのα）」です。この指標は，テストのなかのある項目が，他のすべての項目とどの程度一致するかを，すべての組合せで確認した値だと考えることができるものです。現在では統計処理ソフトウェアの普及によって，α係数を簡単に求めることができます。

7.3 妥当性とは

7.3.1 妥当性の基本

　妥当性とは，テストが測定したいものを適切に測定できているかの程度のことです。これが妥当性のもっとも基本的な考え方となります。

　しかしながら，妥当性についてもう少し細かく考えると，次の3点が重要な観点となります（ホーガン，2010）。

　第1に，特定の目的や使用法のもとでテストの結果を解釈することの妥当性です。あるテストは，特定の目的のもとで使用されることを想定されています。その目的のもとで妥当であるかどうかを示すことが重要となります。たとえば，「この数学のテストは妥当か」ではなく，「この数学のテストは大学の合否を予測するのに妥当か」という考え方です。

　第2に，完全な妥当性があるわけではない，という観点です。妥当性は「ある」「ない」という有無の問題ではなく，「どの程度妥当か」という程度の問題です。妥当性について，ある1つの証拠があるからといって完全に妥当だという結論になることはありません。証拠が積み上がっていくにつれて，妥当である確率が増していくようなイメージです。

　第3に，テストの妥当性と規準の正確さを区別するという観点です。いくらテストが妥当なものであったとしても，適切な集団でその妥当性を確かめなければ，結果は「このテストは妥当でない」という結論に至ってしまうかもしれません。たとえば，抑うつの程度を測定するテストを開発し，本当にそのテストは妥当だったとしても，妥当性を確かめようとこのテストを実施

した集団にまったく抑うつ的な人々がいなかったとしたら，結果は望ましくないものとなってしまうでしょう。

7.3.2 妥当性の証拠

表 7.1 は，以前からある妥当性の分類と，近年の分類をまとめたものです。以前の分類では「構成概念妥当性」という項目が独立して挙げられていましたが，近年の分類では独立した項目として挙げられていません。構成概念妥当性とは，測定されている内容が，測定の目的である構成概念を適切に反映していることを意味します。これは「テストの妥当性そのもの」とも考えられますので，近年の分類では，さまざまな妥当性の証拠が「構成概念妥当性の証拠である」と考えられるようにもなってきています。

表 7.1 妥当性の伝統的分類と新しい分類
（ホーガン，2010；村山，2012 より作成）

以前の分類（○○妥当性）	近年の分類（妥当性の証拠）
内容的妥当性	内容的証拠
基準関連妥当性	他の変数との関連
併存的妥当性	収束的・弁別的証拠
予測的妥当性	基準との関連の証拠
構成概念妥当性	構造的側面の証拠
収束的妥当性	本質的側面の証拠
弁別的妥当性	一般化可能性
	結果的側面の証拠

7.3.3 もっともらしさ

「やさしさ」という構成概念を測定したいと思ったとします。読者の皆さんであれば，どのような質問項目を用意するでしょうか。

たとえば「あなたはやさしい人ですか」という質問項目はどうでしょうか。確かに，測定したい内容がそのまま質問項目に反映されていると考えることもできます。このように，一見，うまく測定できているようにみえるかどう

かを「表面的妥当性」と呼ぶことがあります。

　もう少し考えてみましょう。「あなたはやさしい人ですか」という質問に対して「そうそう，絶対にそうだよ！」と答える人は，本当にやさしい人なのでしょうか。そうなのかもしれませんが，本当にそうであるかどうかは，他の証拠がないと評価できません。この表面的妥当性すなわちテストのもっともらしさは，妥当性の証拠としては積極的に採用することがやや難しいものだといえるでしょう。

7.4 妥当性の証拠

7.4.1 内容的妥当性・内容的証拠

　内容的妥当性は，測定の対象となる知識や行動とテストの内容とがうまく一致しているかどうかを問題にするものです（ホーガン，2010）。この妥当性は，学力テストについて考えるとよくわかるのではないかと思います。学力テストには「出題範囲」があります。これは学校のテストだけでなく，高校入試や大学入試でも同じです。この出題範囲をどれだけ過不足なくカバーしているか，という判断が内容的妥当性の証拠の一つになります。

　またたとえば採用試験のような場合には，採用された後の職務内容と採用試験との対応の程度が内容的妥当性の判断基準となります。このように，測定しようとする範囲が明確な場合には内容的妥当性の判断もしやすいのですが，知能やパーソナリティのように測定したい内容の範囲が曖昧な場合には，内容的妥当性の判断は難しくなります。「もっともらしさ」によって判断すると，先に述べた表面的妥当性に近づいていくことになってしまいます。

7.4.2 他の変数との関連

　妥当性を検討するなかで，もっとも頻繁に用いられるのは，他の変数との関連をその証拠とすることです。一口に他の変数との関連といっても，その中身にはいくつかのものがあります。

1. 基準関連妥当性・基準との関連の証拠

以前の分類では、測定したい構成概念を反映する重要な指標と、作成されたテストとの関連を検討することを基準関連妥当性と呼んでいました。このいい方は、現在でも使われることが多くあります。近年では、テストの基準関連性による妥当性の証拠と表現されることもあります。

基準関連妥当性（基準との関連の証拠）の中には、**予測的妥当性**（予測的証拠）と**併存的妥当性**（併存的証拠）があります。予測的妥当性は、テストが将来生じる結果を予測することによって妥当性を評価することであり、併存的妥当性はほぼ同時に得られる基準とテストとの関連がその証拠となります。たとえば、新たにうつ病を反映した抑うつ尺度を作成するとします。現在医師にうつ病と診断されているかどうかと抑うつ尺度との関連を検討することは併存的妥当性となり、抑うつ尺度の得点が数年後のうつ病の発症を予測するかどうかを検討することは予測的妥当性となります。併存的妥当性と予測的妥当性の違いは、基準を同時に取るか将来に取るかの時期の違いです。

2. 基準とは何か

さて、「基準」との関連を検討することが基準関連妥当性なのですが、その基準には3つのものがあります（ホーガン, 2010）。

第1に、外的現実的基準です。先に述べた例でいえば、抑うつ尺度に対して医師や臨床心理士による抑うつの程度の評価が外的現実的基準となります。またたとえば、予備校の模擬試験にとっては大学の合否が外的現実的基準となり、それを検討することは予測的妥当性の検討となります。

第2に、集団間の比較です。これは、あるテストがその測定を目的とした特定の集団と別の集団とを明確に区別できるかどうかを問題にするものです。もしも新たに作成した抑うつ尺度がうつ病か否かを得点に反映すると考えるのであれば、うつ病と診断された患者群とそのように診断されていない健常群との間で得点を検討し、明確な得点差が生じているかどうかで判断することになります。

第3に、既存の他のテストです。新しいテストと、そのテストに関連する

構成概念を測定する既存の他のテストとの関連を示すことが妥当性の証拠となります。しかし，既存のテストと新たなテストとの間に非常に高い関連がみられるのであれば，わざわざ新たなテストを開発する意味がなくなってしまうとも考えられます。その場合には，たとえば新たなテストの利点が明確である必要があります。たとえば短時間で回答できる，コンピュータ上のテスト，項目表現を適切なものに更新するなどです。また，新たなテストと他のテストとの間にどの程度の相関係数が得られれば適切なのかについては，十分な検討が必要になります。

3. 収束的妥当性と弁別的妥当性・収束的証拠と弁別的証拠

他のテストとの関連を考える際に有用なのが，**収束的妥当性**（収束的証拠）と**弁別的妥当性**（弁別的証拠）です。収束的妥当性とは，同じような構成概念を測定するテストとの間に，比較的高い相関係数が得られることを意味します。その一方で弁別的妥当性とは，理論的に考えて高い関連がないと予想されるテストの間に，実際に低い関連が観察されることです。たとえば抑うつ尺度を作成する場合には，既存の抑うつやその周辺概念を測定する尺度との間には高い相関係数が得られることが収束的妥当性の証拠になり，抑うつとは異なる不安や怖れを測定する尺度との間に低い相関係数が得られることが弁別的妥当性の証拠となります。

また，この考え方を発展させたものとして**多特性・多方法行列**（Campbell & Fiske, 1959）という検討方法があります。これは，異なる方法で同じ特性を測定した得点間の相関係数が，同じ方法で異なる特性を測定した得点間の相関係数よりも高く，また異なる方法で異なる特性を測定した得点間の相関係数よりも高いことを示すことです。たとえば，「抑うつ」と「不安」を質問紙の方法とロールシャッハ検査のような投影法で測定したとします。多特性・多方法行列の考え方では，質問紙と投影法で同じ特性である抑うつを測定した部分には高い相関が観察され，その相関係数は同じ質問紙でも異なる特性である抑うつと不安の間にみられる相関係数よりも，また質問紙で測定された抑うつと投影法で測定された不安との間の相関係数よりも高くなる

ことが妥当性の証拠となります。

7.4.3 他の妥当性の証拠
1. 構造的側面の証拠
　内的構造による妥当性の証拠は，主に因子分析による構造の検討結果によります。因子分析という統計手法は本書でも何度か取り上げてきていますが，複数の変数の背後にある共通した要素を明らかにすることを目的とした統計手法です。妥当性の証拠としては，設定された構成概念を適切に反映した因子が統計的に得られることが挙げられます。

2. 本質的側面の証拠
　これは，テストされた結果が，何らかの心理学的な反応プロセスを反映したものであるのか，という観点です。たとえば，テストへの応答過程を詳細に調べることが一つの証拠となるでしょう。創造性テストに回答する際に，どのようなことを考えながら回答しているのか，回答の際に思考過程を言葉で表現してもらうことによって，何を測定しているのかが明らかになるかもしれません。

3. 一般化可能性・結果的側面の証拠
　一般化可能性とは，そのテストが異なる時期や対象に実施したとしても，同じような解釈が成り立つのかということを検討することです。実はこの部分には，「繰返し測定しても安定して同じ内容を測定することができるか」という点で，信頼性の概念も含まれてくることになります。信頼性そのものが妥当性の必要十分な証拠というわけではないのですが，テストが上手く構成されていることのさまざまな証拠の一つと考えることもできるということです。

　結果的側面の証拠とは，テストを実施し解釈した結果として，何が生じるのかを検討することです。大学入学試験の内容を変更した場合，そのことによってどのような影響が社会にあたえられたのかを検討することが，この一つの例になります。この妥当性は，テストを作成する際にはあまり考慮され

ない観点かもしれませんが，広くテストを使用していく際には検討すべきことだといえます。

7.5 ケース・スタディ

7.5.1 心理ゲームの例

次の心理ゲームにチャレンジしてみてください。あなたなら，どう答えるでしょうか。

あなたは朝起きて鏡を見ました。そこにはなぜかあなた自身ではなく，動物の姿が映っています。その動物は次のうちどれでしょうか。1つだけ選んでください。

　　　(A) イヌ　　(B) サル　　(C) ウサギ　　(E) ライオン

(A) イヌを選んだあなた：主人に仕える従順な性格を暗示しています。強い相手の下にいることを好む従順な面がある一方で，正義感が強く組織を守る人物という一面もあるようです。

(B) サルを選んだあなた：好奇心が強く，知性が前面に出るタイプです。賢く，思慮深い面があるのですが，その一方で自分の力を過信して大失敗をすることもあります。

(C) ウサギを選んだあなた：さみしがりやで臆病な性格を暗示しています。皆と一緒にいることを好みますが，そのような状態でもふと寂しさを感じてしまう一面があります。

(D) ライオンを選んだあなた：王様（女王様）キャラが前面に出るタイプです。人よりも優位に立ちたいという気持ちが強い一方で，服装や髪型なども気にして，周りの人からどのように見られるかに気を配っています。

7.5.2 バーナム効果

さて，ここで例に挙げた心理ゲームは，筆者がこの原稿を執筆しながらイメージで作成したものです。何ら理論的根拠があるわけではありません。

アメリカの心理学者フォアは，学生にパーソナリティ検査を実施し，「診断結果」と称して星占いから抜き出した文章を提示する実験を行いました (Forer, B. R., 1949)。提示された文章は，「あなたは他の人々から好かれたい，褒められたいと思っています」「あなたは自分に批判的な傾向があります」「あなたはまだ活かし切れていない，未使用の能力をかなりもっています」「あなたは弱さをもっていますが，だいたいそれを埋め合わせることができています」といったものでした。そして，この偽の診断結果を，多くの学生が自分の診断した結果として「正しい」と判断してしまうことを示したのです。

このような，だれにでも当てはまるような診断結果を，自分の結果として信じてしまう現象を，**バーナム効果**といいます。ちなみにバーナムとは，アメリカの興行師である P. T. バーナムの名前のことです。これは，バーナムが "we've got something for everyone"[10] という文章を使ったことに由来しています。占いや性格診断には，このバーナム効果を生み出すような文章がよく使われているのです。

7.5.3 信頼性を検討する

この心理ゲームの信頼性を検討するには，どうしたらよいのでしょうか。この心理ゲームは，質問に対して4つの選択肢から1つを選ぶ形式になっています。質問は1つしかありませんので，内的整合性を検討することはできません。

では，再検査信頼性はどうでしょう。たとえばこの心理ゲームを1カ月間隔で2度実施し，回答の一致率を調べることで，再検査信頼性の検討ができ

---

[10] これは，「皆さんが必要とする物がここにあります」といった意味の，広告でよく使われるフレーズのことです。

そうです。しかし，このような簡単な心理ゲームの場合には，前回どの選択肢を選んだのか，覚えている可能性も考えられます。

そこで，同じようなダミーの心理ゲームを複数用意し，その中に混ぜ込む形で実施してみてはどうでしょうか。実際に研究で用いられるパーソナリティを測定する尺度や検査でも，「ダミー項目」と呼ばれる，本来測定する内容とは無関係の項目が混ぜられることがあります。このような手法を用いることによって，回答の際の先入観や予断をある程度回避できる可能性があります。

7.5.4 妥当性を検討する

この心理ゲームの妥当性は，どのように検討することができるでしょうか。この場合，比較的容易に検討できることは，この心理ゲームへの回答と，すでに存在しているパーソナリティ尺度や検査との関連を検討することです。ただしこの検討を行うには，パーソナリティ心理学や他の心理学において，日常用語で書かれた人間の特徴を表す文章が，どの専門用語に対応しているのかを知る必要があります。

たとえば，イヌを選ぶことは「従順な性格」であることを示しています。強い人に従う従順な性格というのは，たとえば「依存性」という概念が近そうですし，「正義感が強く組織を守る人物」という部分では「集団主義」や「公正感」といった概念との関連も示唆されます。またサルを選ぶことは「好奇心」や「知性」が仮定されていますので，ビッグ・ファイブでいえば「開放性」との関連が予想されます。ウサギを選ぶことは，「さみしがりや」「臆病」とされています。これは「孤独感」という概念との関連が予想されますので，実際に孤独感尺度との関連を検討することが妥当性の証拠となるでしょう。ライオンは，「人よりも優位に立つ」ことや「外見を気にする」ことが仮定されています。これはたとえば「自己愛的なパーソナリティ傾向」や「公的自意識」といった概念との関連が予想されます。

このように，すでに研究が行われている概念との関わりを仮説として立て，

実際に調査を行って関連を検討することで，この心理ゲームの妥当性（基準関連妥当性，基準関連的な証拠）が検討できると考えられます。

参考図書

ウッド，J. M.・ネゾースキ，M. T.・リリエンフェルド，S. O.・ガーブ，H. N. 宮崎謙一（訳）(2006). ロールシャッハテストはまちがっている——科学からの異議—— 北大路書房
　非常に人気の高い投影法であるロールシャッハテストを批判的に検討しています。

フランセス，A. 大野　裕（監修）青木　創（訳）(2013). 〈正常〉を救え——精神医学を混乱させるDSM-5への警告—— 講談社
　パーソナリティ障害をはじめ，精神的な病の診断システムの問題点を考察しています。

小塩真司 (2011). 性格を科学する心理学のはなし——血液型性格判断に別れを告げよう—— 新曜社
　血液型性格判断のどこが問題なのか，パーソナリティ心理学の研究知見に基づいて解説しています。

大村政男 (2012). 新編　血液型と性格　福村出版
　血液型性格判断の歴史と問題を批判的に追究しています。

第8章

さまざまな検査

　皆さんは，学校で知能やパーソナリティを測定するような検査を受けたことがあるでしょうか。学校の学力試験とはちょっと違う，とくにどれが正答だというような問題ではない回答を求められるもの，また迷路や図形合わせなどパズルのようなもの，制限時間の間にずっと1桁の足し算を繰り返すものなど，もしかするとそのようなものに回答した機会があるかもしれません。
　実はそれらは（おそらく），知能やパーソナリティを測定するために用いられているものです。教育場面で生徒の状態を知るための助けとして用いられることもありますし，研究のために用いられることもあります。
　現在，世界中で数多くのパーソナリティに関連する検査が開発されてきており，さまざまな場所で活用されています。この章では，パーソナリティ検査を中心とした，いくつかの検査について，その内容や背景をみていきたいと思います。

8.1 心理検査

8.1.1 標準化

　同じパーソナリティを測定する道具にも，市販されているものとそうでないものがあります。市販されている検査は，適切な経路で購入することが，その検査を使用するための条件となります。市販されていない検査とは，論文などでその作成手続きが公開され，無料で使用できる状態になっているものです。

　市販されている検査は，標準化という手続きが取られているものが多いといえます。**標準化**された検査とは，検査対象と同様の多くの人々からなる集団をサンプルとしてすでに調査が行われており，ある得点を取る人が集団の中のどのあたりに位置するかが評価できるようになっているものをいいます。多くの場合そのような情報は，検査のマニュアルに記載されています。たとえば，ある人に標準化された知能検査を実施したとします。その人が知能検査で50点を取ったときに，検査に付属している換算表をみればその人の得点が集団のなかのどの程度の位置にいるか，そして知能指数がいくつなのかを評価することができるのです。

　標準化されていない検査の多くは，市販されていないものです。しかし，標準化されていないからといって，使用できないわけではありません。その検査が開発された過程が記述された論文を参照することで，その検査の信頼性と妥当性の検証過程，平均値や標準偏差といった検査の特徴を知ることができます。

　標準化された検査であってもそうでない検査であっても，ある検査を使ってみようと思ったときには，その検査の作成過程を知ることが重要です。

8.1.2 検査の種類

　表8.1は，心理学で用いられる検査を分類したものです。検査は，最大のパフォーマンスを測定するものと，典型的なパフォーマンスを測定するもの

とに大きく分けることができます（依田・杉若, 2001）。最大のパフォーマンスを測定する検査とは，調査対象者に多くの作業を求めるような内容で構成されている検査のことであり，典型的なパフォーマンスを測定する検査は複数の回答間に優劣や正解・不正解がなく，同じような価値をもつ複数の回答の可能性があり得る内容で構成されている検査のことです。前者は主に知能検査，後者には主にパーソナリティ検査が相当するといえます。

表8.1 検査の分類

最大のパフォーマンスを測定（知能検査）	個別式：WISC，WAIS，田中ビネーなど。 集団式：田中B式など。
典型的なパフォーマンスを測定（パーソナリティ検査）	質問紙法：YG性格検査，NEO-PI-Rなど。 投影法（投映法）：ロールシャッハ検査，TAT，PFスタディなど。 作業検査法：内田クレペリン精神検査など。

　最大のパフォーマンスを測定する知能検査には，個別式の知能検査と集団式の知能検査があります。個別式の知能検査は主に臨床場面で用いられることが多く，集団式の知能検査は教育・産業場面で用いられることが多いといえます。

　典型的なパフォーマンスを測定するパーソナリティ検査には，大きく分けて質問紙法，投影法（投映法），作業検査法があります。質問紙法は紙に質問項目と回答の選択肢が印刷されており，文章で示された質問への回答によってパーソナリティを測定するものです。本書で説明してきたパーソナリティ測定の歴史は，多くがこの方式によって行われてきました。投影法（投映法）は，曖昧な刺激に対して自由に回答を求め，その自由な回答を一定の枠組みで解釈することでパーソナリティを把握しようと試みるものです。また作業検査法は，一定時間に特定の単純作業を行い，その正確さと作業量によってパーソナリティの解釈を行おうとするものです。一部の作業検査法は，最大のパフォーマンスを測定する検査とも考えられるのですが，必ずしも高

いパフォーマンスがよい結果に結びつくというわけではありませんので，こちらに分類されています。

8.2 知能検査

8.2.1 知能検査の歴史

表 8.2 には，20 世紀前半までの**知能検査**の歴史をまとめてあります。第 7 章（p. 105）でも触れたように，最初に知能検査を開発したのはフランスのビネーでした。

表 8.2　19 世紀末から 20 世紀前半の知能検査の展開（辰野，1995 を改変）

西　暦	内　　容
1890	メンタルテスト（Cattel, J. M.）の用語が初めて用いられる
1904	知能の 2 因子説（Spearman, C.）の提唱
1905	ビネー・シモン検査（Binet, A.）
1907	ビネー法の日本への紹介（三宅鉱一による）
1908	ビネー・シモン検査の改訂（Binet, A.）
	ビネー・シモン法の日本への紹介（久保良英による）
	ビネー・シモン法のアメリカでの適用（Goddard, H. H.）
1911	ビネー・シモン法の改訂，精神年齢使用（Binet, A.）
1912	知能指数の提唱（Stern, W.）
1916	スタンフォード・ビネー知能検査で知能指数使用（Terman, L. M.）
1917	最初の集団式知能検査法（Otis, A. S.）
	Otis の検査を改訂，アメリカで陸軍式知能検査の開発（Yerkes, R. M.）
1920	アメリカで国民知能検査法の開発（Yerkes, R. M.）
1922	国民知能検査を日本人向けに改訂（久保良英）
1923	A 式知能検査（岡部弥太郎）
1924	軍隊性能検査，成人知能検査（淡路圓治郎）
1928	大伴式知能検査法（大伴　茂）
1929	言語不要知能検査（丸山良二）
1930	実際的個別的知能測定法（鈴木治太郎）
1934	田中 B 式知能検査（田中寛一）
1937	新スタンフォード・ビネー法（Terman & Merril）
1939	ウェクスラー・ベルビュー知能検査（Wechsler, D.）
1947	田中ビネー式知能検査（田中寛一）
1949	WISC（Wechsler, D.）

ビネーとシモンが作成した知能検査は，1908年にはゴダード（Goddard, H. H.）によってアメリカに紹介されます。1912年にはドイツの心理学者シュテルン（Stern, W.）によって精神年齢の考え方が提唱されます。その精神年齢を取り入れ，アメリカで1916年に開発されたのがターマン（Terman, L. M.）によるスタンフォード・ビネー知能検査です。

ビネー式の知能検査は個別式の検査でしたが，アメリカで集団式の知能検査が開発されます。その代表的なものがヤーキーズ（Yerkes, R. M.）らによる陸軍式知能検査[11]です。

1939年には，ニューヨークのベルビュー病院に勤務していたウェクスラー（Wechsler, D.）が，ウェクスラー・ベルビュー知能検査を開発しました。これは，成人用の個別式の検査です。この検査は後に児童用のWISC（1949年），成人用のWAIS（1955年），幼児用のWPPSI（1967年）へと発展していきました。

日本への知能検査の紹介は，1907年以降，多くの研究者によってなされています。日本人に向けた改訂についても，それぞれの研究者が独自の視点から行ってきた歴史があります。現在では，ビネー式の知能検査，ウェクスラー式の知能検査ともに最新版が市販されており，日本中の現場（臨床場面や教育場面など）で用いられています。

8.2.2 ビネー式知能検査

先に述べたように，**ビネー式知能検査**は，世界で最初の知能検査です。その特徴は，第1に個別式の検査であること，第2に日常的・常識的な物事の学習，理解，判断などの一般的知能を測定する検査であること，第3に年齢尺度で構成されていることを挙げることができます（三浦・小川，2001）。年齢尺度とは，各問題が年齢と結び付けられていることを意味しています。

---

[11] 言語式検査である陸軍A式（Army alpha）と，図形などで構成される非言語式検査である陸軍B式（Army beta）の2つがあります。

もともとビネー式の知能検査は，子どもたちが初等教育を受けるのに十分な知的発達を示すかどうかを確かめるために考案されたものですので，年齢を指標にするという考え方は納得できるものではないかと思います。

表8.3は，年齢に結び付けられた問題の例です。ある問題の正答が，何歳でおおよそ可能になるかを示すことで，どの問題に正答した場合に何歳相当の知能であるかを示すことができます。これを**精神年齢**（Mental Age；MA）といいます[12]。

表8.3　田中ビネー知能検査の年齢級別問題の例
（田中教育研究所，1987；三浦・小川，2001に基づき作成）

年齢級	内容例
1歳	3種の型のはめ込み，犬探し，身体各部の指示など。
2歳	動物の見分け，丸の大きさの比較，碁石の分類など。
3歳	小鳥の絵の完成，物の選択，3数詞の復唱など。
4歳	順序の記憶，長方形の組合せ，迷路など。
5歳	三角形模写，4数詞の復唱，絵の欠所発見など。
6歳	3数詞の逆唱，ひし形模写，曜日の理解など。
7歳	関係類推，4数詞の逆唱，記憶によるひも通し（A）など。
8歳	文の記憶（A），文の整頓（A），記憶によるひも通し（B）など。
9歳	絵の解釈（A），物の異同，単語の列挙，図形の記憶（A）など。
10歳	絵の解釈（B），話の記憶（A），文の完成など。
11歳	話の記憶（B），形と位置の推理，単語の記憶など。
12歳	5数詞の逆唱，図形の記憶（B），論理的推理など。
13歳	6数詞の復唱，暗号，方角など。
成人Ⅰ	概念の共通点，場面の推理，ことわざの解釈（A）など。
成人Ⅱ	箱の数の把握，ことわざの解釈（B），立体の断面など。
成人Ⅲ	三段論法，ことわざの解釈（C），概念の区別など。

この精神年齢と生活年齢（暦年齢；Calendar Age；CA）から，知能指数を算出します。

---

[12] 一般的に「精神年齢」というと，言動がどれだけ幼いか，また逆に大人びているかを表現する用語になっているようにみうけられますが，本来の「精神年齢」は，知能の発達が何歳相当であるか，知能検査で何歳相当の問題に正答できるかを表現する指標のことです。

$$知能指数（IQ）= \frac{精神年齢（MA）}{暦年齢（CA）} \times 100$$

知能指数（Intelligence Quotient；IQ）は，精神年齢と暦年齢の比を取り，100 をかけた値です。先に述べたシュテルンが比を取ることを提唱し，ターマンが 100 をかける算出方法を考案しました。ちなみに IQ は「知能指数」と訳されますが，"quotient" という単語は「（割り算の）商」や「比率」という意味です。

たとえば，5 歳の児童が 6 歳相当の問題に正答する結果を残した場合，IQ は $\frac{6\,精神年齢}{5\,生活年齢} \times 100 = 120$ となります。これは，10 歳の児童が 12 歳相当の問題に正答する結果を残した場合と同じ値になります。

8.2.3 ウェクスラー式知能検査

先に述べたように，ウェクスラーが成人用の個別式知能検査を最初に開発したのは 1939 年のことでした。そこから，児童用の **WISC**，成人用の **WAIS**，幼児用の **WPPSI**[13] が開発されたということでした。

ビネー式知能検査のように，精神年齢と生活年齢から IQ を算出することにはどんな問題があるのでしょうか。もっとも大きな問題は，精神年齢の算出方法です。たとえば，6 歳の児童は正答することが難しく，7 歳では多くの児童が正答できる問題をつくることはできそうです。しかし，成人の場合はどうでしょう。26 歳の成人では正答が難しく，27 歳だと正答できる問題というのは作ることができるでしょうか。非常に難しいことのように思います。

ウェクスラーは成人の精神疾患患者を対象として知能検査を実施したいと考えていました。しかし，ビネー式の検査では成人の知能をうまく測定する

---

[13] それぞれ，次の頭文字をとったものです。WISC = Wechsler Intelligence Scale for Children，WAIS = Wechsler Adult Intelligence Scale，WPPSI = Wechsler Preschool and Primary Scale of Intelligence。

ことができませんでした。そこで，新たに開発されたのがウェクスラー式の知能検査というわけです。

　ウェクスラー式の知能検査の特徴は，知能を「因子」によってとらえているという点にあります。さらに，知能因子のなかでパーソナリティ因子に比較的関連するものを「言語的因子群」，あまり関連しないものを「動作性因子群」としました。ウェクスラー式の知能検査では，これらの因子群を測定する，言語性検査と動作性検査が用意されています（表 8.4）。

表 8.4　言語性検査と動作性検査

言語性検査	動作性検査
一般的知識	絵画完成
数唱問題	絵画配列
単語問題	積木問題
算数問題	組合せ問題
一般的理解	符号問題
類似問題	

　ウェクスラー式の知能検査のもう一つの特徴は，知能指数の算出方法にあります。精神年齢と生活年齢から知能指数を算出するのではなく，**偏差知能指数**（偏差 IQ；D・IQ）という指標を用います。偏差 IQ とは，検査を受けた人物がその人物の属する年齢集団の得点分布のなかで，どの程度の位置にいるのかを相対的に表した値です。ビネー式の知能指数は，① IQ が正規分布に従うこと，②平均が 100 であること，③標準偏差が 16 であることが知られています。ウェクスラー式の知能検査では，この標準偏差を 15 として換算された値を使用します。

$$偏差 IQ = \frac{(個人の得点 - その年齢集団の平均) \times 15}{その年齢集団の標準偏差} + 100$$

　なお偏差 IQ は，大学受験の際に参考にされる，模擬試験の偏差値の算出方法とほぼ同じです[14]。知能指数は同じ年齢集団の中の相対的な位置であっ

て，絶対的な値ではないことに注意が必要です。

8.3 質問紙法

8.3.1 質問紙法の特徴

　質問紙法は，質問項目を印刷した紙と鉛筆さえあれば実施できることから，手軽に検査をすることができる点，集団にも実施できる点が長所であるといえます。また手軽に実施することができるという長所は，多くのデータを容易に得ることができること，そしてその多くのデータを背景として信頼性や妥当性の情報を吟味することが比較的容易な点も長所だといえます。そのことが，多くの研究や実務場面でこの手法が用いられる要因となっています。

　その一方で，文章への回答によって検査を行うことから，対象者に検査の意図を推測されやすく，正直な回答が得られにくい場合があるという短所があります。また，集団で一斉に検査を実施する場合には，回答の態度が不均一になる可能性もあります。検査のなかには，このような検査の態度を確認する質問項目が混ぜられているものもあります。

　なお，ビッグ・ファイブを測定するパーソナリティ検査については第4章（pp. 56-67）で説明しましたので，ここではそれ以外の質問紙法による検査について説明していきます。

8.3.2 MMPI

　1930年代後半から，ミネソタ大学のハサウェイ（Hathaway, S. R.）とマッキンリー（McKinley, J. C.）は，精神医学的診断の客観化を目指し，検査の開発を試みました。そして，1942年にMMPI（Minnesota Multiphasic Personality Inventory；ミネソタ多面人格目録）として最初の版が公刊され

---

[14] 受験偏差値の場合には，標準偏差10，平均50に換算します。したがって，偏差値は偏差IQの数式の15を10，100を50に置き換えた計算式で算出します。

ました。1980年代以降にはブッチャー（Butcher, J. N.）らによって第2版の開発が始められ，1989年にMMPI-2として公刊されています。21世紀に入ると，ベン＝ポラス（Ben-Porath, Y. S.）らによって尺度内容の改変が行われ，2008年にMMPI-2-RF（Restructured Form）として発表されています。このMMPIは，長年の間，海外ではもっとも盛んに使用されてきた質問紙法の検査です。日本語版については1950年代以降に複数の研究者が翻訳を試みており，1960年代には日本MMPI研究会による日本語版MMPIが発表されました。1990年代にはMMPI新日本版研究会によって，MMPI新日本版が公開されています（小塩，2013a；田中，2001）。

MMPIは550項目という多数の質問項目で構成されており，各質問項目に対して「あてはまる」「あてはまらない」の二者択一方式で回答します。また，MMPIには質問冊子式とカード式の2種類が用意されています。カード式とは，各質問項目が1枚のカードに印刷されており，自分自身に当てはまるかどうかを分類することで回答します。

MMPIには4つの妥当性尺度と10の臨床尺度があります（表8.5）。妥当

表8.5 MMPIの妥当性尺度と臨床尺度（田中，2002に基づき小塩，2013aが作成）

	尺度名	記号	内容
妥当性尺度	疑問尺度（？尺度）	？	不決断や拒否的態度
	虚構尺度（L尺度）	L	社会的に望ましい方向に答える傾向
	頻度尺度（F尺度）	F	問題点を誇張する傾向，適応水準
	修正尺度（K尺度）	K	防衛的で，自己批判的な態度
臨床尺度	第1尺度（心気症）	Hs	精神面を無視する傾向や疾病への懸念
	第2尺度（抑うつ）	D	現状への不満・不適応感や抑うつ傾向
	第3尺度（ヒステリー）	Hy	ストレス対処の仕方，自分の感情の洞察
	第4尺度（精神病質的偏奇）	Pd	人および既成の体制・権威に逆らう傾向
	第5尺度（男子性・女子性）	Mf	ステレオタイプな性役割を取得している程度と性役割観
	第6尺度（パラノイア）	Pa	対人関係上の敏感さ・猜疑傾向
	第7尺度（精神衰弱）	Pt	不安感を始めとする諸種の神経症的傾向
	第8尺度（精神分裂病）	Sc	統制と疎外感
	第9尺度（軽躁病）	Ma	活動性
	第0尺度（社会的内向性）	Si	社会参加や対人接触を避ける傾向

性尺度とは，検査に回答する際の態度が適切かどうかを判定するための尺度です。この他にも，数百種類の追加尺度の得点を算出することができ，非常に多様な使い方をすることができるのが MMPI の特徴だといえます。

8.3.3 YG 性格検査

YG 性格検査（矢田部ギルフォード性格検査；YGPI；矢田部・園原・辻岡，1965）は，日本で開発され，広く使用されてきた検査です。第 4 章（p. 48）でも説明したように，この検査はギルフォードの研究に基づいて矢田部達郎が開発したものです。

YG 性格検査は，表 8.6 のような 12 のパーソナリティ特性を測定する 120 項目で構成されています。各項目に対して，「はい」「？」「いいえ」のいずれかの選択肢から回答を選びます。回答はカーボン紙で転記され，容易に採点できるように検査冊子が工夫されています。

表 8.6 YG 性格検査で測定されるパーソナリティ特性

	名　称	内　容
D	抑うつ性	落ち込んだ気分や悲観的気分，罪悪感の高さ。
C	回帰性傾向	気分の変わりやすさや感情的になること，驚きやすさ。
I	劣 等 感	劣等感に悩まされる，自信の欠如，自己の過小評価。
N	神 経 質	心配性，神経質，不安定でいらいらしやすい。
O	客観性の欠如	空想的で主観的な傾向。
Co	協調性の欠如	対人不信感や警戒心の強さ，閉鎖的な人間関係。
Ag	愛想の悪さ	気の短さや怒りっぽさ。
G	一般的活動性	精神面・身体面の活動性の高さ。
R	のんきさ	常に何か刺激を求める，衝動性や軽率さ。
T	思考的外向	小さいことを気にせず，物事を深く考えない傾向。
A	支 配 性	リーダーシップを発揮する傾向。
S	社会的外向	社会や他者との接触を好む傾向。

表 8.6 の 12 のパーソナリティ特性は，さらに上位の因子の得点を求めることができ，また類型を導くこともできます。このように，120 項目という適度な数の質問項目を用いていること，また多くの解釈を行うための指標を

導き出すことができるように構成されている点に，YG性格検査が広く使用されてきた理由の一つがあるといえます（小塩，2011）。

8.3.4 エゴグラム

エゴグラム（Egogram）とは，交流分析と呼ばれる心理学理論を背景とした自我状態を測定するために開発された質問紙法の検査です。交流分析では，人々に3つの自我の状態があることを仮定します。第1に，幼い頃に親から教わった態度や行動を反映する親の自我状態である「P（Parent）」です。第2に，事実に基づいて判断する成人の自我状態である「A（Adult）」，そして第3に本能や感情が前面に出るような子どもの自我状態である「C（Child）」です。さらに，PとCについてはそれぞれが2種類に分けられます。Pは，禁止や許可を与えるような父親的CP（Critical Parent）と，養育的で欲求の充足を与える母親的なNP（Nurturing Parent）に分けられます。Cは，自由で制約を受けない自我状態であるFC（Free Child）と，順応的で両親の期待に応えようとするような自我状態であるAC（Adapted Child）に分けられます。エゴグラムでは，これらの自我状態をそれぞれ測定していきます。

日本でエゴグラムが盛んに使用されるようになったのは，1984年に公刊された東大式エゴグラム（TEG）からです。その後，1993年にはTEG第2版，1999年に新版TEG，2006年には新版TEGⅡも発表されています。TEGは，先に述べた5つの自我状態を各20項目で測定するように構成されており，L尺度と呼ばれる妥当性尺度，Q尺度と呼ばれる「どちらでもない」の個数を数える疑問尺度も検査の態度を測定するために用意されています。

TEGの解釈は，5つの各尺度の得点の高低に基づいて行います。また，それぞれの尺度が高い場合にも，プラス面とマイナス面の両方が解釈されます。たとえば，CPが高い場合，プラス面をみれば理想追求的で規律を守る，マイナス面をみればあら探しが多く威圧的であると解釈されます。NPが高い場合，プラス面をみれば世話好きで思いやりがある，マイナス面をみれば過干渉で過保護であると解釈されます。Aが高い場合，プラス面をみれば理性

的で客観的，マイナス面をみれば打算的で冷徹と解釈されます。FC が高い場合には，プラス面をみれば自由奔放で創造的，マイナス面をみればわがままで衝動的とされます。そして AC が高い場合，プラス面をみれば従順で自己犠牲的，マイナス面をみれば自主性がなく遠慮がちであるとされます。これらの高低について，5つの組合せを全体的に解釈していきます（小塩，2013a）。

8.4 投 影 法

8.4.1 投影法とは

投影法（投映法）とは，さまざまな解釈が可能な図形や言語からなる情報を提示し，その情報に対する自由な解釈に基づく回答から個人のパーソナリティを把握しようと試みる検査のことです。回答者が刺激に対して自由に回答するという，オープンエンド型のパーソナリティ検査だといえます。

投影法の考え方は，自分自身の何らかの特徴が曖昧な刺激への反応に反映するという投影仮説に基づいています。このような仮説を背景として，投影法ではなく投映法という呼び方を好む研究者もいます。

投影法の特徴は，何を測定しようとしているのか，その意図が回答者に伝わりにくいという点にあります。また異論はあるものの，言語では把握できない，潜在的・無意識的な特性を測定することができると主張する研究者もいます。その一方で，結果の解釈には相応の知識と熟練が必要とされますので，実施と結果の解釈には一定のトレーニングが必要になります。また，解釈の曖昧さから検査の信頼性と妥当性が疑問視されることもあります。

8.4.2 ロールシャッハ・テスト

ロールシャッハ・テストはスイスの精神科医ロールシャッハ（Rorschach, H.）が 1921 年に発表した検査です。この検査は，図 8.1 のような左右対称のインクの染みのような 10 枚の図版で構成されています。

図8.1　ロールシャッハ・テストの図版（見本例）

　検査の手順は，各図版が何に見えるのかを回答する反応段階と，その反応内容を記号化するために質問を行う質問段階という2つの段階からなります。反応段階では，回答者は各図版が何に見えるのかを自由に回答し，質問段階では反応段階で得られた回答について，どの部分がどのように見えたのかを検査者が質問していきます。

　各図版に対して得られた反応は，その反応数や反応の内容から記号化（コーディング）が行われ，パーソナリティは記号化された内容から総合的に解釈されます。なお，ロールシャッハ・テストの手法にはいくつかのものがあります。日本で広く用いられてきた手法は片口法でしたが，1990年代以降はエクスナー（Exner, J., Jr.）が科学的なロールシャッハ・テストの標準化を目指して開発した包括システムと呼ばれる実施・解釈手法も取り入れられるようになってきています（小塩，2013b）。

8.4.3　TAT

　TAT（Thematic Apperception Test；主題統覚検査）は，絵画を手がかりとして過去・現在・未来を含めた架空の物語を創作することで，その物語の内容から回答者の欲求やパーソナリティの状態を推測する検査です。TAT

8.4 投影法   133

はロールシャッハ・テストと並んで多くの研究，臨床，社会的場面で利用されてきました（木村，2001）。TAT は図 8.2 のような 30 枚の図版と，何も描かれていない 1 枚の図版で構成されます。刺激となる図版には登場人物が描かれていますが，表情はよくわからない曖昧なものにされています。

図 8.2　**TAT の模擬図版**

　TAT は，アメリカの心理学者マレー（Murray, H.）らが開発し，1935 年に発表された検査です。日本語版は 1950 年代に早稲田大学の戸川行男らが TAT 早大版を，名古屋大学の丸井文男らが名古屋大学版 TAT を作成しました。

　マレーは欲求—圧力分析法と呼ばれる理論を構成した心理学者です。欲求（need）は行動を引き起こす内的な力や準備状態のことであり，圧力（press）は周囲の環境から与えられる力のことです。この欲求と圧力が物語のなかでどのように反映してくるのかを解釈します。

8.4.4　P-F スタディ

　P-F スタディ（Rosenzweig Picture-Frustration Study）は，欲求不満に対する反応を測定するための投影法検査です。アメリカの心理学者ローゼンツァイク（Rosenzweig, S.）は，欲求不満への反応を測定するために，当初は

行動検査，質問紙法検査，絵画への反応を測定する検査を開発しましたが，絵画への反応がもっとも適切だと判断され，この研究がP-Fスタディの開発へとつながっていきました。

P-Fスタディで用いられる図版は，図 8.3 のような線画で表現され，1人の登場人物が欲求不満を生じさせるような発言をした場面となっています。回答者は，この場面に適切だと思うセリフを，空欄になった吹き出しのなかに書き込みます。書き込まれたセリフの内容から，アグレッションの方向と型という2つの組合せにもとづいて結果が解釈されます。アグレッションの方向には，欲求不満を起こさせた相手へ向かう「他責的」，相手ではなく自分自身へ向かう「自責的」，相手へも自分へも向かわない「無責的」という3つがあります。またアグレッションの型には，欲求不満が生じた事態にとらわれて解決への意思が弱い「障害優位型」，自分自身を守ろうとする「自我防衛型」，問題解決を図ろうとする「要求固執型」という3つがあります。それぞれのアグレッションの方向性と型がみられた場面およびその組合せ部分のパーセンテージを算出し，各反応が生じる程度によって，解釈を行います（小塩，2013b）。

図 8.3　P-Fスタディの図版例（三京房　承認済）

8.4.5 バウムテスト

　ドイツ語で「木」のことをバウム（Baum）といいます。バウムテスト（Baum Test）は，描かれた樹木の様子から，描いた人物のパーソナリティを推測する投影法の検査です。この検査は，スイスの心理学者コッホ（Koch, K.）が1940年代に体系化し書籍にまとめたことで知られるようになりました。日本でも1950年代以降に研究が発表されるようになっています。

　バウムテストを実施する際には，1枚の白い用紙と鉛筆を用意します。回答者には，（1本の）実のなる木を描くように指示します。そして，描いた樹木の空間的配置や部分の特徴を総合して，解釈を行っていきます。

　なお，バウムテストと同じような描画法の検査には，いくつかのものがあります。たとえば，1人の人物像を描かせる人物画テスト（Draw-a-person test；DAP），家屋と樹木と人物という3つの要素を1枚の用紙に描かせるH. T. Pテスト（House Tree Person Test），自分自身の家族が何かをしている様子を描かせる動的家族描画法（Kinetic Family Drawings）などです（小塩，2013b）。

8.4.6 文章完成法

　文章完成法（Sentence Completion Test；SCT）は，「子どもの頃，私は」など単語ないし未完成の短文を刺激として提示し，そこから連想される内容を記入して文章を完成させる検査です。構造化されていない曖昧な刺激は，回答者により異なる反応を引き起こしますので，文章に投影された個人的特性からパーソナリティなどを探り当てようとするものです（生熊・稲松，2001）。文章完成法の歴史は古く，19世紀終わりにエビングハウス（Ebbinghaus, H.）が未完成の文章を用いて知的統合力を測定したことから始まったといわれています。現在日本では，精研式文章完成法テストが市販されています。このテストは2つのパート，各30項目で構成されています。

　また文章完成法に似た投影法の検査に，クーン（Kuhn, M. H.）らによって1954年に発表された20答法（Twenty Statements Test；TST）があります。

この検査は，20個の「私は……」という主語にひき続いて，自分自身を表現する文章を完成させるものです。ここで得られた文章は，自分自身をどのようにとらえているのかを解釈するのに適切であると考えられます。

8.5 作業検査法

8.5.1 作業検査法とは

作業検査法は，一定の時間に定められた作業を繰返し行い，その作業量や作業の質，作業量の変化に注目してパーソナリティの推定を行う検査のことです（小塩，2013c）。課題は知能検査のような困難さのない，単純なものが多く，回答者も特別な準備が必要というわけではありません。また，単純作業を行うということから，検査の意図を知られにくいという長所があります。

その一方で，得られた作業量の解釈については投影法と同様に熟練を要するため，一定のトレーニングが必要とされます。また，作業量がどの程度パーソナリティを反映しているのかについては，疑問を呈する研究者もいます。

8.5.2 内田クレペリン精神検査

内田クレペリン精神検査は，印刷された左右の1桁の数字を合計し，下1桁の数字をその間に記入する作業を繰り返す作業を通じて，パーソナリティの推定を行う検査です（図8.4）。ドイツの精神医学者クレペリン（Kreapelin, E.）が20世紀初頭に，このような連続加算作業を行う研究をまとめました。その影響を受けて日本でも連続加算作業の研究が行われるようになり，そのなかで心理学者の内田勇三郎が独自に検査の方式を考案し，内田クレペリン精神検査を構成しました。内田はクレッチマーのパーソナリティ分類に興味を持っており，連続加算作業がそのパーソナリティ類型に対応すると考えていました。この検査の方式の確立には，1930年代に内田が在籍していた早稲田大学の教員や学生が関与していました。1941年に日本が第2次世界大戦に参戦した頃には，陸軍・海軍の各種戦闘要員選抜検査としても，こ

8.5 作業検査法

の内田クレペリン精神検査が採用されていたそうです（「早稲田大学心理学教室五十年史」編集委員会, 1981）。

```
6 4 8 3 9 5 6 7 4 3 8 6 7 9 4 5 3 8 7 4 6 5 7 9 3 6
4 9 5 7 8 4 7 6 3 9 6 7 8 5 3 7 4 9 8 4 3 5 8 6 9 4
7 8 9 4 5 8 6 4 9 6 8 3 5 6 9 8 4 3 9 7 5 4 8 5 7 9
4 8 9 3 5 6 3 8 6 4 7 9 4 8 3 6 8 7 4 5 3 7 8 6 4 9
9 7 6 3 7 9 4 8 3 5 6 4 7 6 5 9 6 8 3 7 4 8 6 7 5 3
7 5 6 8 7 4 5 7 6 7 9 4 8 6 9 4 8 5 6 3 8 6 5 8
3 4 7 8 5 6 4 3 9 8 7 5 4 9 6 7 4 5 6 8 7 6 9 4 8 3
8 5 7 9 6 8 3 7 4 9 6 5 7 8 4 6 9 3 7 5 8 9 4 7 6 9
5 6 4 9 8 3 7 5 8 9 4 7 6 3 8 7 9 6 4 8 6 3 5 7 8 5
7 3 8 4 9 5 7 8 6 9 8 5 4 8 7 3 9 5 8 4 6 7 9 4 3 8
6 5 3 9 8 4 5 7 9 4 8 3 5 8 6 9 8 5 7 4 8 3 7 9 4 6
8 3 6 5 8 9 7 5 4 7 6 8 9 3 7 4 5 8 6 9 5 7 8 5 6 4
6 4 5 8 3 4 7 6 5 9 8 6 7 8 5 3 7 8 4 9 7 6 4 8 7 4
5 9 3 4 8 6 7 5 4 9 7 3 8 4 5 7 6 9 4 6 5 8 6 3 9 6
8 4 6 9 5 8 3 6 8 7 4 5 9 8 4 7 5 3 9 4 8 3 6 5 9 7
9 8 3 9 8 4 5 7 6 4 3 8 5 6 4 9 8 7 3 4 7 8 3 5 8 4
5 6 8 9 4 7 6 4 9 3 4 9 8 5 7 8 4 6 8 7 4 3 9 6 5 8
```

図 8.4　内田クレペリン精神検査用紙

内田クレペリン精神検査の連続加算作業を行った後には，加算された最後の部分を線で結ぶことで，作業曲線を描きます。多くの健常な人々による平均的な作業量から描かれる作業曲線を，健常者常態定型曲線といいます。この定型曲線からどちらの方向にどの程度逸脱するかによって，パーソナリティが判断されます。この判断基準としては，横田象一郎による5つの指標からなる数量的な判定基準，柏木繁男による数量的判定基準であるPF式評価法，日本・精神技術研究所による「発動性」「可変性」「亢進性」という3つの指標による判定方法などがあります。

参考図書

村上宣寛（2007）．IQってホントは何なんだ？　日経BP社
　知能の研究の状況や研究知見が一般読者向けにまとめられています。

サトウタツヤ（2006）．IQを問う――知能指数の問題と展開――　ブレーン出版
　知能やIQについて，歴史的背景とともに批判的に解説しています。

スターンバーグ, R. J.　松村暢隆・比留間太白（訳）（2000）．思考スタイル――能力を生かすもの――　新曜社
　知能とパーソナリティの間を橋渡しする「思考スタイル」について解説しています。

第 **9** 章

さまざまな
パーソナリティ特性

　第8章でさまざまなパーソナリティ検査についてみたように，パーソナリティ特性はビッグ・ファイブの5つの特性だけが取り上げられるわけではありません。とくに研究場面では，興味深いパーソナリティ特性が数多く取り上げられており，多くの研究者の注目を集めているものもあります。
　この章では，その数多くのパーソナリティ特性およびパーソナリティの周辺領域で扱われる個人差特性のなかからいくつかをピックアップし，説明していきたいと思います。

9.1 ポジティブな意味をもつ特性

9.1.1 自尊感情

あなたは，どの程度「自分自身を快く思っている」「自分自身をこれでよいと思っている」と感じているでしょうか。**自尊感情**（self-esteem；**自尊心**）は，このような自分自身に対する肯定的な態度の程度を表す個人差特性です。アメリカの心理学者ローゼンバーグ（Rosenberg, M., 1965）は，自分自身を肯定するなかには，自分自身を受け入れる感覚に近い「それで良い（good enough）」という感覚と，他者と比較することから生じる自信や優越感に近い「とても良い（very good）」という，やや異なる2つの感覚があると述べました。そして自尊感情はこれらのうち「これで良い」という，必ずしも他者との比較が必須であるような感覚ではない，自分自身を肯定する程度であるとしました。

では，このような自分自身を肯定する程度である自尊感情は，ビッグ・ファイブとどのような関係があるのでしょうか。表9.1は，両者の関連の大きさを相関係数で示したものです。表9.1に示されているように，自尊感情は情緒的に安定しており（神経症傾向が低く），かつ外向的で，誠実性の高さにも関連するような特徴をもっていることがわかります。

表9.1 **自尊感情とビッグ・ファイブとの相関係数**

	自尊感情[1] (Robins et al., 2001)	自尊感情[2] (Erdle et al., 2009, 2010)
情緒安定性（ES）[3]	0.61	0.48
外向性（E）	0.40	0.40
開放性（O）	0.16	0.18
調和性（A）	0.11	0.13
誠実性（C）	0.37	0.26

（注）1. 9つの先行研究で得られた相関係数の重み付け平均値（$N = 4,458$）。
　　　2. 1項目版の自尊感情尺度を使用（$N = 628,640$）。
　　　3. 情緒安定性は，神経症傾向を逆転させた値。

9.1 ポジティブな意味をもつ特性　　　　　　　　141

ちなみにこの自尊感情尺度の平均値を，日本も含め 50 カ国以上の間で比較した研究があります（Schmitt & Allik, 2005）。図 9.1 が，その結果なのですが，日本の自尊感情得点は，これらの国のなかでもっとも低い値を示していました。これが，日本人の自己肯定的な感覚の低さを本当に表しているのか，それとも各国の言葉に翻訳された尺度を使っていますので，単に翻訳の問題であるのか，どこにこの要因があるのかは十分にわかっていません。ただ，日本と地理的に近い地域（香港，台湾，韓国など）も比較的低い値を示していますので，この地域の文化的特徴が，この結果に反映している可能性はあるかもしれません。

9.1.2 レジリエンス

レジリエンスとは，困難で脅威的な状況にもかかわらず，うまく適応する過程，能力，および結果のことです（Masten, Best, & Garmezy, 1990）。レジリエンスそのものは，パーソナリティではありません。あくまでもレジリエンスは，困難な状況に直面して一時的に精神的に問題のある状態に陥ったとしても，そこからうまく回復するプロセス全体のことを指します。

ただし，その回復プロセスに深く関与するパーソナリティも想定することができます。そのような特性として想定されているものの一つが，**精神的回復力**（小塩・中谷・金子・長峰, 2002）です。精神的回復力は，新たなことにチャレンジする新奇性追求，自分の感情をコントロールできる感情調整，未来をポジティブに展望する肯定的な未来志向という 3 つの要素で構成されています。

またアメリカの心理学者ブロックは，ストレス下においても柔軟で精神的な立ち直りが早いパーソナリティとして，**エゴ・レジリエンス**（ego-resilience）という概念を提唱しました（Block, J. H., & Block, J., 1980；畑・小野寺, 2013）。ブロックはまず，衝動や感情，欲求などを過剰に抑制する状態を「過剰統制（over-control）」，それらを抑制せず容易に表出する状態を「統制不全（under-control）」とし，これらの衝動のはたらきをエゴ・コ

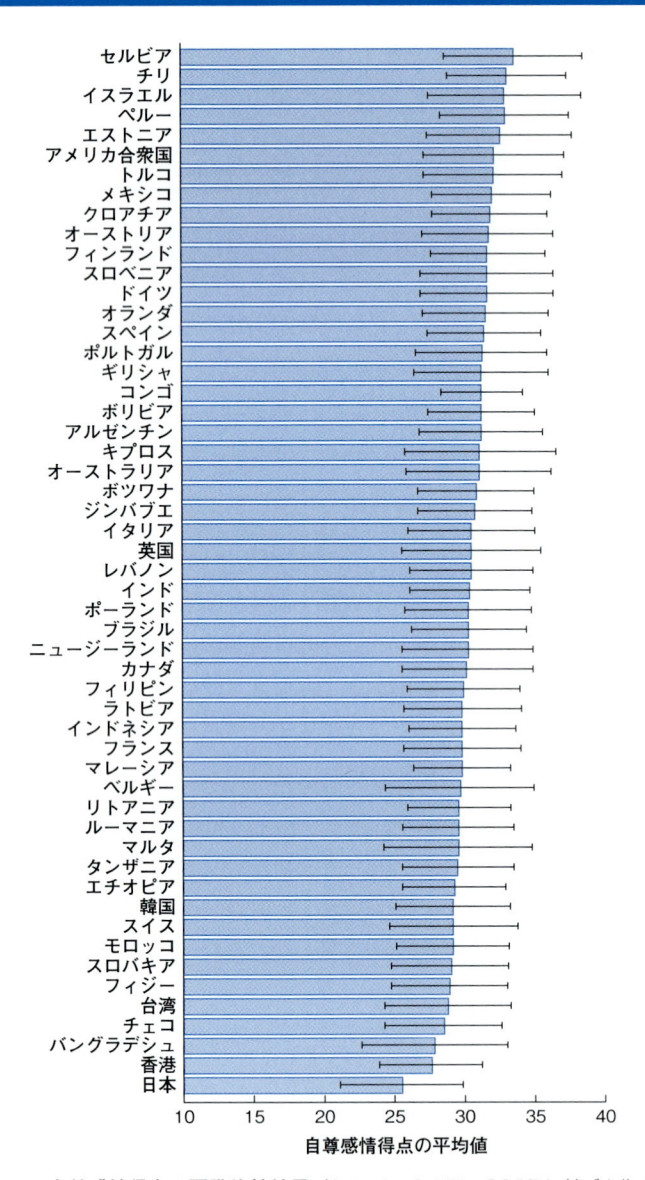

図 9.1 自尊感情得点の国際比較結果（Schmitt & Allik, 2005 に基づき作成）

ントロール（ego-control）としました。そしてエゴ・レジリエンスとは，エゴ・コントロールの程度を柔軟に調整できる能力であるとされています。エゴ・レジリエンスの高い人は，状況に応じて適切に自分の衝動をコントロールし，遊ぶべきときには遊び，遊ぶべきでないときには自分を抑制することができるということです。

表 9.2 には，精神的回復力およびエゴ・レジリエンスと，ビッグ・ファイブとの関連が示されています。どちらも，神経症傾向とは負，他の4つの特性とは正の関連を示していますが，精神的回復力尺度と調和性との間の相関係数は，統計的に有意ではありませんでした。いずれにしても，レジリエンスはビッグ・ファイブのうち神経症傾向と逆，その他4つの特性とは正の関連を示す傾向にあることがわかります。この関連の方向性は，第6章で示したパーソナリティの一般因子（GFP；p.96）とレジリエンスの対応関係を示唆しています。

表9.2 レジリエンスとビッグ・ファイブとの相関係数

	精神的回復力[1] (Nakaya et al., 2006)	エゴ・レジリエンス[2] (Alessandri et al., 2012)
神経症傾向（N）	− 0.59	− 0.38
外向性（E）	0.37	0.41
開放性（O）	0.40	0.42
調和性（A）	0.17	0.31
誠実性（C）	0.48	0.30

（注）1. 精神的回復力尺度（ARS）と NEO-PI-R との関連（日本人；$N = 130$）。
　　　2. ER89-R と NEO-FFI との関連（アメリカ人；$N = 233$）。

また，ビッグ・ファイブの5つの得点を統計処理[15]することで，類型を

---

[15] データの行列を入れ替えて人を分類する因子分析手法であるQ因子分析や，連続的な得点によって変数や人を分類するクラスター分析という統計手法が用いられています。

見出す研究が行われており（Asendorpf et al., 2001；Robins et al., 1996），そこではパーソナリティのプロトタイプと呼ばれる3種類の類型が見出されています。その3種類とは，レジリエント（resilient；精神的に健康で問題が少ない人々），過剰統制型（overcontrolled；過度に自分自身を統制する，内面に問題を抱えがちな人々），統制不全型（undercontrolled；統制の少ない，行動上の問題を抱えがちな人々）であり，ブロックのパーソナリティ・モデルに対応した名前がつけられています。

9.1.3 創 造 性

創造性（creativity）とは，既存の知識や経験を統合し，新しく価値のあるものを創り出す能力のことです（恩田, 1980）。複雑な現代社会において，これまでにはないまったく新たな価値や物事を創り出すことは，非常に重要な能力であると考えられます。またこのような能力は，知能と対比させられることもあります。たとえばギルフォードは，人間の思考には収束的思考と拡散的思考があると述べました。収束的思考は1つの正答があるような思考の方式であり，一般的な知能に相当します。その一方で拡散的思考は既存の知識から多様な考えを行う思考の方式であり，創造性に相当するといえます。

創造性を測定するためのいくつかの検査があります。たとえばS-A創造性検査は，ギルフォードらの開発した検査を日本創造性心理研究会が1969年に日本人向けに改訂したものです（創造性心理研究会, 1969）。またTCT創造性検査は，1984年に早稲田大学創造性研究会が開発した検査です（寺沢・久米・黒岩, 2001）。創造性検査の内容の例としては，特定の物事（割り箸やレンガなど）の使い道をできるだけ数多く回答する方式です。創造性の評価は，回答の多さや内容の多様性，他者が回答しなかった内容を回答している程度などによって行われます。

表9.3は，創造性とビッグ・ファイブとの関連を示したものです。創造性は，ビッグ・ファイブのうち開放性と低い正の関連を示すようです。

表 9.3 創造性とビッグ・ファイブとの相関係数
(Silva et al., 2009 より作成)

	拡散的思考 (流暢性)	拡散的思考 (創造性)
神経症傾向 (N)	0.11	0.09
外向性 (E)	－0.02	－0.11
開放性 (O)	0.25	0.27
調和性 (A)	－0.06	0.21
誠実性 (C)	0.15	－0.20

(N = 189)

9.2 ポジティブ・ネガティブ両面の意味をもつ特性

9.2.1 自意識特性

　人は鏡を見ると，そこに映る自分自身の姿に注目します。そして，自分自身に注意が向きます。カメラを向けられたとき，自分の姿が映った映像を見たとき，録音した自分の声を聞いたときなどにも同じような自分自身への注目が生じるのではないでしょうか。

　また，この自分自身への注意の程度には，個人差もあります。アメリカの心理学者フェニグスタインらはこの個人差を測定する尺度を開発し，自分への注目が2つの要素から成り立っていることを示しました (Fenigstein, A., Scheier, M. F., & Buss, A. H., 1975)。一つは私的自意識と呼ばれ，自分自身の思考や長短所などを考えるなど，自分の内面に注意を向けることです。もう一つは公的自意識と呼ばれ，服装や髪型など，自分の外面に注意を向けることです。

　近年，これらの自意識をさらに詳細に分ける研究も行われています。その研究によると，私的自意識は反芻 (Rumination) と省察 (Reflection) に分けられます (高野・丹野, 2008；Trapnell & Campbell, 1999)。反芻とは自己への脅威や喪失を背景として自分の内部に注意を向けることを意味し，省察は知的好奇心を背景として自分の内部に注意を向けることを意味しています。

また公的自意識の強い人には，人からの賞賛を求める賞賛獲得欲求と，人に拒否されたくないという拒否回避欲求という2つの欲求がよくみられるということが示されています（小島・太田・菅原，2003；菅原，1986）。

表9.4は，自意識とビッグ・ファイブとの関連を示したものです。私的自意識も公的自意識もともに，神経症傾向と関連する傾向がみうけられます。また私的自意識は，開放性の高さや調和性の低さにも関連するようです。

表9.4 **自意識とビッグ・ファイブとの相関係数**
(Scandell & Scandell, 1998 に基づき作成)

	私的自意識	公的自意識
神経症傾向（N）	0.28	0.47
外向性（E）	−0.02	0.01
開放性（O）	0.40	0.08
調和性（A）	−0.23	−0.15
誠実性（C）	0.01	−0.06

(注）自意識尺度と NEO-FFI との関連（$N=111$）。

9.2.2 自己愛

ナルシストという言葉を聞くと，どのような人物を思い浮かべるでしょうか。外見を気にして，自信過剰で，自分に陶酔して，人のことをあまり考えない，そのようなイメージでしょうか。

この言葉のもとである自己愛（ナルシシズム）という言葉は，もともとギリシャ神話のナルキッソス物語に由来しています。この神話から，19世紀の終わり頃に精神医学者らが性的倒錯や自体愛と呼ばれる現象を説明する概念として自己愛を用いるようになりました。そして20世紀初めに，精神分析学の創始者であるフロイト（Freud, S.）がこの概念を体系化して記述することで，自己愛という概念が広く知られるようになっていきます（Freud, 1914）。

アメリカ精神医学会の診断分類基準（Diagnostic and Statistical Manual of Mental Disorders；DSM）には，パーソナリティ障害の一つとして，自己愛

9.2 ポジティブ・ネガティブ両面の意味をもつ特性

性パーソナリティ障害が掲載されています（DSM-5；American Psychiatric Association, 2013）。そこでは，自己の重要性についての誇大な感覚，限りない成功や権力などにとらわれていること，自分が特別な存在であり特別で地位の高い人物や組織に関係していると信じること，過剰な賞賛を求めること，特権意識をもつこと，対人的な搾取を行うこと，共感の欠如，他者に嫉妬したり他者が自分に嫉妬していると思い込んだりすること，傲慢で横柄な行動や態度をとること，といった特徴が述べられています。

また，病理とはいえない一般的なパーソナリティ特性としての自己愛傾向の研究も盛んに行われています。自己愛傾向は，自分が他者よりも優れており，他者からの注目を集めたい，他者の意向を気にせず自分の意見を押し通すといった特徴をもつパーソナリティ特性の一つです（小塩，2009；小塩・川崎，2011）。表9.5には，自己愛傾向とビッグ・ファイブとの関連を示しました。理論的には，自己愛は外向性の高さと調和性の低さで表現されるといわれています。実際のデータではそれほど明確にその関連が表現されているわけではありませんが，日本と海外のデータで，ある程度の共通した傾向がみられています。また自己愛的な日本人は外向性，誠実性が高く，神経症傾向が低い傾向を示すことから，積極的でポジティブな振る舞いがおもてに出やすいと考えられます。

表9.5 自己愛傾向とビッグ・ファイブとの相関係数

	自己愛傾向[1] （小塩，2006）	自己愛傾向[2] (Ames et al., 2006)
神経症傾向（N）	− 0.33	− 0.13
外向性（E）	0.60	0.26
開放性（O）	0.15	0.24
調和性（A）	− 0.16	− 0.25
誠実性（C）	0.36	0.09

(注) 1. NPI-S と NEO-PI-R との関連。日本人サンプル（$N = 272$）。
2. 40項目版 NPI と NEO-FFI との関連。アメリカ人サンプル（$N = 776$）。

9.3 ネガティブな意味をもつ特性

9.3.1 抑うつ・不安

抑うつ（うつ）とは，落ち込んだり悲しんだり，喪失感が持続する状態のことをいいます。また不安とは，日常生活のなかで漠然とした特定できない曖昧な脅威を察知したときに，不確定な感覚と無力感を伴う状態のことです（岡村・津田，2013）。抑うつ状態があっても，うつ病というわけではありません。しかし，抑うつの状態が長期間持続することは，うつ病の一つの症状ではあります。また，不安が長期間持続し，日常生活に支障が生じるようになると不安障害という一種の精神疾患に至る可能性があります。

表 9.6 は，抑うつおよび不安とビッグ・ファイブとの関連を示したものです。抑うつも不安も，神経症傾向と比較的高い正の関連を示しており，誠実性や外向性，調和性とは低い負の関連を示しています。

表 9.6　抑うつ・不安とビッグ・ファイブとの相関係数 [1]

	抑うつ [2]	不　安 [3]
神経症傾向（N）	0.51	0.66
外向性（E）	−0.28	−0.22
開放性（O）	0.02	−0.11
調和性（A）	−0.12	−0.22
誠実性（C）	−0.39	−0.33

(注) 1. 佐々木・星野・丹野，2002 に基づき作成。ビッグ・ファイブの下位尺度名は対応するものに変更してある。
2. SDS（Self-rating Depression Scale）と FFPQ との関連。
3. STAI（State-Trait Anxiety Scale）の A-Trait と FFPQ との関連。

9.3.2　マキャベリアニズム・サイコパシー

マキャベリアニズムは，イタリアの思想家マキャベリの著作『君主論』から派生した個人差特性で，対人関係で他の人々を操作しようとする傾向を意味します。この特性は，アイゼンクのパーソナリティ 3 次元モデルのうち「精神病傾向」（第 4 章，p.49 参照）と対応するともいわれています（Eysenck

& Eysenck, 1976)。

また，マキャベリアニズムに関連するパーソナリティ傾向として，サイコパシー傾向を挙げることができます。**サイコパシー**とは，冷酷性，希薄な感情，利己性，無責任，衝動性，表面的魅力といった特徴をもつパーソナリティ特性です（大隅他，2007）。

表9.7には，マキャベリアニズムおよびサイコパシーと，ビッグ・ファイブとの関連を示しています。それほど高い値ではありませんが，調和性との負の相関が，両者に共通しているといえます。カナダの心理学者ポールハス（Paulhus, D. L.）は，マキャベリアニズム，サイコパシーに自己愛を加えた３つをパーソナリティの「暗黒の三つ組」（Dark Triad）と呼びました（Paulhus & Williams, 2002）[16]。これら３つは，相互に低～中程度の相関関係にあり，他者に悪影響を及ぼす可能性のあるパーソナリティ特性として共通点をもつということです。また，これら３つはいずれも調和性と負の関連を示す傾向があることに，共通点があります。

表9.7 マキャベリアニズム・サイコパシーとビッグ・ファイブとの相関係数

	マキャベリアニズム[1]	サイコパシー[2]
神経症傾向（N）	0.14	−0.34
外向性（E）	−0.13	0.34
開放性（O）	−0.13	0.24
調和性（A）	−0.32	−0.25
誠実性（C）	−0.03	−0.24

（注）1. NEO-PI-R との関連（$N = 1,049$；中村他, 2012）。
　　　2. BFI との関連。カナダ人サンプル（$N = 245$；Paulhus & Williams, 2002）。

9.3.3 仮想的有能感

仮想的有能感とは，速水敏彦が提唱した概念であり，自分自身の直接的な

---

[16] 近年，ポールハスらは Dark Triad にサディズムを加えた Dark Tetrad（４つ組）を提唱しています（Buckels, Jones, & Paulhus, 2013）。

肯定的経験に基づくのではなく，他者を批判したり軽視したりすることに呼応して感じられる有能さの感覚というものです（速水, 2006, 2012）。「自分の周りにはたいした人間がいない」と思ったり，誰かを見て「ダメな人間だな」と思ったりすることで，相対的かつ無意識的に自分の有能感を抱く傾向のことをいいます。

表 9.8 は，仮想的有能感を測定する尺度とビッグ・ファイブとの関連を示したものです。仮想的有能感は，他者を見下したり，軽視したりする内容で構成されています。そのことから，やはりマキャベリアニズムやサイコパシーのように調和性と低い負の関連がみられます。また，開放性とも低い正の関連がみられることから，他者を軽視する人物が自分自身を賢いと認識する傾向があることがうかがえます。

表 9.8 仮想的有能感とビッグ・ファイブとの相関係数

	仮想的有能感[1]
神経症傾向（N）	0.10
外向性（E）	0.06
開放性（O）	0.22
調和性（A）	− 0.15
誠実性（C）	− 0.02

(注) 1. 鈴木 (2010) による。仮想的有能感尺度 (第 2 版) と FFPQ 短縮版との相関 ($N = 242$)。FFPQ の下位尺度名称を対応するものに変更。

9.3.4 先延ばし

しなければいけないことがあるのに，つい作業を先に延ばして焦ってしまう，ということは誰にでもあるのではないでしょうか。このような，達成する必要がある取組みを行わなかったり，遅らせたりする行動傾向のことを，**先延ばし**（procrastination）といいます（林, 2007；Lay, 1986）。また，この先延ばしは誰にでも生じる可能性のある行動傾向ですが，その程度には個人差があります。

9.3 ネガティブな意味をもつ特性

表 9.9 は，先延ばし傾向とビッグ・ファイブとの関連です。ドイツ人サンプルでもカナダ人サンプルでも共通した特徴が見出されています。これらの結果から，先延ばし傾向は高い神経症傾向と，低い誠実性によって特徴づけられることがわかると思います。

表 9.9 先延ばし傾向とビッグ・ファイブとの相関係数
(Schouwenburg & Lay, 1995 に基づき作成)

	先延ばし傾向 [1]	先延ばし傾向 [2]
神経症傾向（N）	0.40	0.34
外向性（E）	− 0.30	− 0.14
開放性（O）	− 0.05	0.01
調和性（A）	− 0.10	− 0.15
誠実性（C）	− 0.50	− 0.67

(注) 1. 先延ばし特性と AB5C によるビッグ・ファイブ特性との関連（ドイツ人サンプル；$N = 278$）。
2. 先延ばし特性と NEO-PI-R との関連（カナダ人サンプル；$N = 352$）。

参考図書

トウェンギ, J. M.・キャンベル, W. K. 桃井緑美子（訳）(2011). 自己愛過剰社会 河出書房新社

　個性的に，特別な存在に，と煽られることによって，人々の間に何が起きるのか，自己愛というキーワードから解説しています。

ロンソン, J. 古川奈々子（訳）(2012). サイコパスを探せ！――「狂気」をめぐる冒険―― 朝日出版社

　ジャーナリストが取材したサイコパスにまつわる話をユーモアを交えて考察しています。

ペック, M.S. 森　英明（訳）(2011). 平気でうそをつく人たち――虚偽と邪悪の心理学―― 草思社文庫

　日常生活のなかで出会う「邪悪な人々」の背後にあるパーソナリティの歪みを解説しています。

ケイン, S. 古草秀子（訳）(2013). 内向型人間の時代――社会を変える静かな人の力―― 講談社

　「外向的な人間が良い」という思い込みを変える内容で構成されています。

サイエンス社・出版案内 Apr.2014

新刊のご案内

心理学[第2版] 心のはたらきを知る

梅本堯夫・大山　正・岡本浩一・高橋雅延 共著

四六判／224頁　本体1,400円

本書は，心理学をはじめて学ぶ大学生，短大生のテキストとして好評を博してきた入門書の改訂版です。歴史，感覚と知覚，動機づけと情動について新たな解説を加え，より内容を充実させました。また，研究の進展が著しい章については，新たな著者を加え，近年重要度が増している事項や初版刊行後に得られた知見を盛り込みました。さらに，各ページの欄外に重要語句の英語表記を加え，より上級な学習への配慮をしています。本文体裁も刷新し3色刷としました。左右見開き構成。

ザ・ソーシャル・アニマル[第11版]
人と世界を読み解く社会心理学への招待

E.アロンソン著／岡　隆訳

A5判／528頁　本体3,800円

本書は，1972年の初版刊行から今日まで読み継がれる名著の新訳版です。社会心理学のエッセンスを解説する大枠はそのままに，最近の新しい研究知見や近年重要度の増したトピックの解説を盛り込み，事例として挙げるものには記憶に新しい事件や社会情勢，科学技術，文化，人物が追加されています。また，巻末には「用語集」を新設し基本的用語の整理ができるよう配慮されています。社会心理学を学ぶ大学生はもちろん，人間社会に生きているすべての人にとって必読の一冊です。

基礎からまなぶ社会心理学

脇本竜太郎 編著／熊谷智博・竹橋洋毅・下田俊介 共著

A5判／240頁　本体2,300円

本書は，はじめて社会心理学をまなぶ大学生向けの入門テキストです。社会心理学の理論を，日常生活での経験や社会での出来事など具体例を挙げながら，やさしく解説しました。見やすさ，読みやすさにも配慮し，図表を豊富に盛り込み，2色刷としました。また，各章冒頭にまとめた概要，トピック，キーワードで，内容のイメージをつかみ，章末の復習問題で理解度を確認できる構成としました。社会心理学の面白さを知り，さらに深く学びたい方にまず手に取ってほしい一冊です。

好評書ご案内

心理測定尺度集
〈監修〉堀 洋道

V 個人から社会へ 〈自己・対人関係・価値観〉
吉田富二雄・宮本聡介 編　　B5判／384頁　本体3,150円

VI 現実社会とかかわる 〈集団・組織・適応〉
松井 豊・宮本聡介 編　　B5判／344頁　本体3,100円

2007年までに刊行された『心理測定尺度集』I〜IVは，現在まで版を重ね，心理学界にとどまらず，看護などの関連領域においても，一定の評価を得てきました。従来の巻では，社会心理学，臨床心理学，発達心理学を中心とする心理学の領域で，それぞれの発達段階の人を対象として作成された尺度を選定し，紹介してきました。第5巻，第6巻ではこれまでの4巻の編集方針を基本的に継承しながら，主に2000年以降に公刊された学会誌，学会発表論文集，紀要，単行本の中から尺度を収集し，紹介しています。

I 人間の内面を探る 〈自己・個人内過程〉
山本眞理子 編　　B5判／336頁　本体2,700円

II 人間と社会のつながりをとらえる 〈対人関係・価値観〉
吉田富二雄 編　　B5判／480頁　本体3,600円

III 心の健康をはかる 〈適応・臨床〉
松井 豊 編　　B5判／432頁　本体3,400円

IV 子どもの発達を支える 〈対人関係・適応〉
櫻井茂男・松井 豊 編　　B5判／432頁　本体3,200円

株式会社 サイエンス社

〒151-0051　東京都渋谷区千駄ケ谷1-3-25　　TEL (03)5474-8500　FAX (03)5474-8900
ホームページのご案内　http://www.saiensu.co.jp　　　　＊表示価格はすべて税抜きです。

第10章

パーソナリティの諸相

　ここまで，ビッグ・ファイブを軸にしながらパーソナリティについて説明してきました。この章では，パーソナリティと現実の行動との関わりや発達的変化など，いくつかの側面に焦点を当てていきたいと思います。

　語彙を集める心理辞書的研究からスタートしたビッグ・ファイブですが，実際の人々の活動や発達的変化と関連することが示されてきています。パーソナリティの研究にとって，このような行動や行動の結果の側面と関連することは，重要な研究課題となっています。

10.1 人間以外のパーソナリティ

10.1.1 イヌのパーソナリティ

ペットショップに行くと，販売されているイヌたちの「性格」が記載されています。その表現をみると，「人なつっこい」「甘えん坊」「頑固」「おっとりとした」など，人間と同じような表現が用いられていることに気づきます。

関西学院大学の平芳幸子と中島定彦は，イヌを対象として心理辞書的アプローチによるパーソナリティ表現用語の整理を試みました（平芳・中島，2009；表10.1）。まず，青木（1971；第3章，p.37参照）や村上（2002；第3章，p.39参照）による日本語のパーソナリティ用語リストを用いて調査を行い，各語がイヌを表現するために用いることができるかどうかを評定してもらいました。その結果，容認率（イヌに用いることができると回答された割合）が70％以上であった200語を用いて，217名のイヌの飼い主に，自分が飼育しているイヌの特徴について回答してもらいました。そして因子分析を行った結果，イヌのパーソナリティ構造として，「攻撃性」（他者に対し反抗する傾向），「臆病さ」（気の弱い傾向），「外向性」（明るく社交的な傾向），「知性」（知的で自己統制的な傾向），「緩慢さ」（反応速度が遅い傾向）という5つの次元を見出しました。また，「攻撃性」はオスのほうがメスよりも高い傾向があること，「臆病さ」は大型犬のほうが中型・小型犬よりも高い傾向があること，「緩慢さ」はメスのほうがオスよりも高い傾向があることなども示されています。

表10.1 イヌのパーソナリティ構造（平芳・中島，2009より作成）

因子名	内容
攻撃性	乱暴な，怒りっぽい，反抗的な，生意気な，好き勝手な等。
臆病さ	臆病な，怖がりの，弱虫の，おじける，弱腰な，動揺する等。
外向性	愛想のよい，外向的な，ゆかいな，陽気な，快活な等。
知性	辛抱強い，がまん強い，気品がある，立派な，知的な等。
緩慢さ	ぼんやりした，のろまの，とろい，のんきな，とぼけた等。

当たり前のことですが，イヌのパーソナリティをイヌ自身に評定させることはできません。したがって，そのイヌをよく知る人間が評定することになります。しかし，あるイヌに対して複数の人物が評定しても一致度が高かったり，再検査信頼性も十分であったり，作業犬・家庭犬としての行動の予測的妥当性が検討されたりもしており（Svartberg, 2002, 2005），また遺伝子との関連をみる研究も行われるなど（村山, 2007, 2012），単に人間の思い込みを超えた，イヌ特有の行動的特徴を反映したパーソナリティのあり方が検討されています。

10.1.2 類人猿のパーソナリティ

イヌよりは，類人猿のほうが人間に近いといえますので，人間と同じようなパーソナリティがみられるのではないか，と考えられます。では，類人猿でも人間と同じようなパーソナリティ次元がみられるのでしょうか。

アリゾナ大学のキングらは，動物園で飼育されている100頭のチンパンジーを対象に，パーソナリティの構造を検討しています。53名の飼育員が人間のビッグ・ファイブモデルをもとにした質問紙に回答しました（1名につき約4頭のチンパンジーを評定）。そして因子分析の結果，「優位性（Dominance）」「外向性（高潮性；Surgency）」「誠実性（信頼性；Dependability）」「協調性（調和性；Agreeableness）」「情動性（不安性；Emotionality）」「開放性（Openness）」という6つの因子となることを示しました。最初の「優位性」（けんかに強い，他の個体よりも優位に立つ）がチンパンジー独自の次元で，残りの5つは人間のビッグ・ファイブと似た構造であったということです（King, J. E., & Figueredo, A. J., 1997）。

イギリスの心理学者ウァイスや京都大学の村山らは，このパーソナリティの6因子構造をチンパンジーとオランウータンへの評定に用いています（Weiss, Inoue-Murayama, King, Adams, & Matsuzawa, 2012）。そして，このパーソナリティ構造が単に人間どうしのパーソナリティの印象を類人猿に投影しているだけではなく，類人猿の実際の行動上の特徴を反映したもので

あると主張しました。

10.1.3 その他の動物のパーソナリティ

アメリカのパーソナリティ心理学者ゴズリングとジョンは，人間以外の動物を対象としたパーソナリティ構造を検討した研究をまとめています（Gosling, S. D., & John, O. P., 1999）。表 10.2 に，それぞれの動物種で研究された内容と，人間のビッグ・ファイブ次元との対応を示します。外向性と神経症傾向，そして調和性は，比較的多くの種でパーソナリティ特性としてみられる次元のようです。それに対し，誠実性の次元はほとんどみられません。その代わり，優位性の次元がみられるのが特徴となっています。

表 10.2 さまざまな動物のパーソナリティ（Gosling & John, 1999 より作成）

種	ビッグ・ファイブ					追加次元	
	神経症傾向 (N)	調和性 (A)	外向性 (E)	開放性 (O)	誠実性 (C)	優位性 (Dominance)	活動性 (Activity)
チンパンジー	○	○	○	○	○	(○)	(○)
ゴリラ	○	○	○			○	
アカゲザル	○	○	○	○		○	
サバンナモンキー		○	○			○	
ハイエナ	○	○		○		○	
イヌ	○	(○)	○	○		(○)	
ネコ	○	○	○	○			
ロバ			○	○			
ブタ			○	○	○		
ラット	○	○					
グッピー	○		○				
タコ	○		○				○

10.2 パーソナリティと生活

10.2.1 学業成績

　第7章と第8章で説明したように，知能検査が開発されたきっかけは，小学校の授業にうまく適応できない児童を見つけ出すためでした。つまり，知能は学校における学業成績の予測をするための検査だという意味があるのです。

　では，知能とは異なる一般的なパーソナリティは，学業成績を予測することができるのでしょうか。20世紀初頭にウェブは，知能のg因子に対応するような，パーソナリティとしての「意思」因子（will factor；w）を見出しました（Webb, E., 1915）。そして，後の研究者がこの因子と学業成績との間に関連がみられることを報告していきました。なおこのw因子は，ビッグ・ファイブの誠実性によく似たニュアンスをもつものです。また現在までに数多くの研究で，パーソナリティと学業成績との関連が報告されてきています。

　表10.3は，論文に報告されてきたビッグ・ファイブの各次元と学業成績との関連をメタ分析という手法で統合した，2つの論文の結果をまとめたものです。いずれのメタ分析も，誠実性と学業成績が低い正の関連を示しています。これは低い値ですが，表10.3右側の結果で示されているように，知能（IQ）と学業成績との関連とそれほど変わらない値となっていることがわかります。このことは，誠実性が意味する，計画性や勤勉で仕事や勉学に集中する傾向，目標に向かって努力する傾向が，学業成績に関連することを意味していると考えられます。

10.2.2 部屋の様子

　「神経質な人は部屋がきれい」と思っている人は多いのではないでしょうか。しかし，それは本当のことなのでしょうか。ゴズリングらは，大学生のベッドルームがどのような様子であるかと，そのベッドルームの使用者のパ

表 10.3 学業成績とビッグ・ファイブとの調整済み相関係数

	G P A[1]	学業成績[2]
神経症傾向（N）	− 0.00	− 0.02
外向性（E）	− 0.06	− 0.01
開放性（O）	0.13	0.12
調和性（A）	0.06	0.01
誠実性（C）	0.27	0.22
知能（IQ）	—	0.25

（注）1. GPA = Grade Point Average（大学(院)生の成績評価値）。Trapman et al. (2007) によるメタ分析の結果より作成（N = 10,855 − 14,942）。
2. 複数の指標を総合したもの。Poropat (2009) のメタ分析の結果より作成（N = 31,955 − 70,926）。

ーソナリティとの関連を検討しています（Gosling, Ko, Mannarelli, & Morris, 2002）。さらに，そのベッドルームを観察した人がベッドルームの持ち主のパーソナリティを評価した回答も集めることで，どのようなベッドルームの特徴が，観察した人にどのような印象を与えるのかも検討しました。

表 10.4 は，その結果の一部です。部屋が整頓されていたり，小ぎれいであったりすることは，使用者の誠実性と関連します。その一方で，部屋の観察者には，調和的で誠実的だという印象を与えるようです。また，部屋が装飾されていたり本や CD の数が多かったりすることは，持ち主のパーソナリティとはほとんど関連しないのですが，観察者には開放的だという印象を与えるようです。なお，部屋が独特な雰囲気だったり，置かれている本の種類が多かったりすることは使用者の開放性と関連し，また観察者にも開放的だという印象を与えるという結果が得られています。このように，実際に部屋の使用者のパーソナリティと，部屋を見たときに抱く印象が一致する場合と，そうではない場合があるようです。

10.2.3 音楽の好み

ケンブリッジ大学のレントフローとテキサス大学のゴズリングは，音楽の好みとパーソナリティの関連を検討しています（Rentfrow, P. J., & Gos-

表 10.4 ベッドルームの特徴と使用者の自己評定，観察者の推測によるビッグ・ファイブとの関連 (Gosling et al., 2002 の一部より作成)

| 使用者のビッグファイブ ||||| ベッドルームの | 観察者の推定 |||||
E	A	C	N	O	手がかり	E	A	C	N	O
0.08	−0.06	0.17	0.08	0.02	きれいな (vs. きたない)	−0.02	0.37	0.61	0.06	−0.11
0.13	−0.12	0.29	−0.08	−0.01	整理された (vs. 散らかった)	0.01	0.26	0.70	0.02	−0.02
0.13	−0.09	0.27	−0.04	0.04	こぎれいな (vs. ごみごみした)	−0.05	0.33	0.75	0.06	−0.08
0.06	−0.11	−0.10	0.15	0.21	装飾された (vs. 装飾されていない)	0.41	0.20	0.04	−0.11	0.35
0.19	−0.03	−0.06	−0.04	0.35	独特の (vs. 平凡な)	0.20	0.01	0.12	0.04	0.35
0.01	0.03	0.17	−0.12	−0.02	快適な (vs. 不快な)	−0.07	0.43	0.62	0.05	0.03
−0.09	−0.08	−0.01	−0.03	0.16	本が多い (vs. 少ない)	−0.13	−0.17	0.00	0.20	0.37
0.14	−0.13	0.06	0.02	0.44	本の種類が多い (vs. 均質)	−0.07	−0.01	0.01	0.07	0.50
−0.03	−0.14	−0.01	0.02	0.17	CD が多い (vs. 少ない)	0.11	−0.10	−0.03	−0.10	0.32

(注) Gosling et al. (2002) では Emotional Stability (ES) が使われていたので，符号を逆転して N の相関係数とした。

ling, S. D., 2003)。彼らは代表的な 14 の音楽ジャンルへの好みを測定し，因子分析によって 4 つのまとまりを見出しました（表 10.5 参照）。そして，パーソナリティや政治志向性，知能などとの関連を検討しています。

表 10.5 には，4 つの音楽のまとまりの好みの程度とビッグ・ファイブとの関連を示しました。内省的で複雑な音楽への好み（クラシックやジャズなど）は，ビッグ・ファイブのうち開放性との関連がみられました。またアップビートで型にはまった音楽への好み（カントリーやポップなど）は外向性および調和性との関連，情熱的でリズミカルな音楽への好み（ラップ/ヒップホップなど）は外向性との関連がみられました。

10.2.4 健　康

ビッグ・ファイブのなかで，もっとも健康に関する行動に結びつくといわ

表 10.5 音楽の好みとビッグ・ファイブとの関連
(Rentfrow & Gosling, 2003 に基づき作成)

	音楽のまとまり[1]			
	内省的・複雑	情熱的・反抗的	アップビート・型にはまった	情熱的・リズミカル
神経症傾向（N）	−0.08	0.01	0.07	−0.01
外向性（E）	0.01	0.00	0.24	0.22
開放性（O）	0.44	0.18	−0.14	0.03
調和性（A）	0.01	−0.04	0.23	0.08
誠実性（C）	−0.02	−0.04	0.15	0.00

(注) 1. $N = 1,704$。内省的・複雑；クラシック，ジャズ，ブルース，フォーク。情熱的・反抗的；オルタナティブ，ロック，ヘビーメタル。アップビート・型にはまった；カントリー，ポップ，宗教音楽，サウンドトラック。情熱的・リズミカル；ラップ/ヒップホップ，ソウル/ファンク，エレクトロニック/ダンス。

れているのは，誠実性（勤勉性）です。ボッグとロバーツは，多くの研究結果をメタ分析によって統合し，誠実性といくつかの健康関連行動との関連を検討しました（Bogg, T., & Roberts, B. W., 2004）。表 10.6 がその結果です。誠実性が高いと，危険な行為や衝動的な行為が抑制される傾向にあることがわかります。

表 10.6 誠実性と健康関連行動との関連
(Bogg & Roberts, 2004 より作成)

健康関連行動	誠実性
運動習慣	0.05
過度の飲酒	−0.25
薬物使用	−0.28
不健康な食事	−0.13
危険な運転	−0.25
危険な性行為	−0.13
自殺	−0.12
喫煙	−0.14
暴力行為	−0.25

チャップマンらは多くの研究のレビューから，多くのパーソナリティが長寿に関連することを報告しています。そのなかでもとくに，誠実性の高さに加え，敵意や悩みの多いパーソナリティの低さが，長寿に結びつくということです（Chapman, B. P., Roberts, B. W., & Duberstein, P., 2011）。

10.3 パーソナリティの遺伝

10.3.1 考え方を学ぶ

パーソナリティは，遺伝が影響を及ぼすのでしょうか，それとも環境によって形成されるのでしょうか。結論からいうと，遺伝と環境双方の影響が複雑に絡み合った結果として，パーソナリティが構成されます。

この問題を考える際には，いくつかの観点を押さえておく必要があります。

1. 類型か特性か

人間の心理学的特徴の多くは，類型（カテゴリ）ではなく，多くは特性すなわち身長や体重のような連続的な個人差です。扱う対象が類型で表現されるものである場合と，特性で表現されるものである場合で，遺伝と環境の考え方は大きく異なってきます。

たとえば，「明るい」「暗い」という2つのうちいずれかのパーソナリティしかとらないと仮定してみましょう。生まれたとき「明るい」遺伝子をもっている子どもが，成長するなかで環境の影響を受けて「暗く」なったとします。このとき，暗くなった原因は環境以外にありえません。また，生まれたときに「明るい」遺伝子をもっている子どもが大人になったときも「明るい」ままだとしたら，その「明るい」パーソナリティの原因は遺伝です。

すなわち，類型で考えている以上，遺伝か環境かいずれかの影響しか考慮できないのです。個々人が少しずつ連続的に異なる，特性としてパーソナリティをとらえることで，「遺伝の影響力が何％」「環境の影響力が何％」という推定が可能になるということです。

2. 多くの遺伝子が関与

　連続的な個人差としてのパーソナリティを考えるとき，ある１つの遺伝子だけがそのパーソナリティに影響すると考えるのは無理があります。実際には，ある特性に注目したとき，その特性には数多くの遺伝子が影響を及ぼします。このように，多くの遺伝子がある量的な特性に影響するというモデルを，ポリジーン・モデルといいます。

　たとえば，ある遺伝子をもつことで少しだけ土踏まずが大きくなったり，別の遺伝子をもつことで少しだけすねの骨が伸びたり，また別の遺伝子をもつことで少しだけ頭蓋骨が分厚くなったり，このようなことが重なった結果として，全体的に身長が影響を受けるということです（小塩，2011）。

　さらに，一つひとつの遺伝子は「身長を高めよう」と意図しているわけではありません。身長が高くなるのは結果論です。すねの骨が伸びることは身長を高める要因になりますが，それは「身長」という観点からすねの骨が伸びるという現象を解釈したからです。「走る速さ」という観点では，すねの骨が伸びることはまた違う評価になりますし，「かっこよさ」の観点からはさらに別の評価となります。つまり，ある１つの遺伝子を取り上げただけでも，複数の観点からの評価が可能であり，別の観点では異なる評価が可能だということです。

3. 親から子にそのまま伝わらない

　あるパーソナリティを考えたときに，数多くの遺伝子が影響を及ぼすことを想定すると，親から子への伝わり方も理解できるようになります。

　図 10.1 は，ポリジーンの例を図示したものです。ここでは，パーソナリティの明るさを考えてみたいと思います。白い丸を「明るくする遺伝子」，青い丸を「暗くする遺伝子」だとしましょう。父親は，白と青が半々で，おおよそ中程度の明るさの遺伝子をもっています。母親は，10 個の遺伝子のうち 7 個が白で，やや明るい遺伝上の特徴をもっています。

　この両親に子どもが生まれるとします。子どもが生まれるときには，父親と母親の遺伝子がすべて伝わるわけではありません。それでは，子どもの遺

10.3 パーソナリティの遺伝

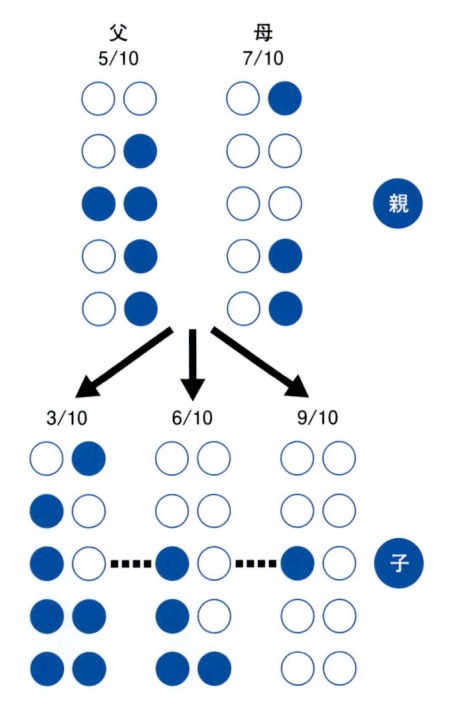

図 10.1　ポリジーンの遺伝（安藤, 2000 より）

伝子が親の倍になってしまいます。それを避けるために，父親の遺伝子も母親の遺伝子も，左右で1つのセットになっており[17]，その左右のいずれかが子どもに伝わっていきます。

このように考えると，子どもの「明るさ」に影響する遺伝子の状態はどのようになっていくでしょうか。たとえば，図 10.1 の一番左側の子どもは，父親からも母親からも青ばかりを受け継いだパターンです。10 個の遺伝子のうち白は3つしかありませんので，父親よりも暗い遺伝子セットをもつことになります。一方で一番右側の子どもは，両親からもっとも白いセットを受け継いだパターンです。実に，10 個の遺伝子のうち9個が白となってい

---

[17] 遺伝子が乗っている染色体の領域のことを遺伝子座といいます。

ます。

　子どもが生まれるときには，このような取りうるパターンのうちいずれか1つのセットをもって生まれてきます。もちろん，両親の中間のセットを受け継ぐ確率は高いのですが，これはあくまでも確率の問題だということです。

4. 環境も影響する

　遺伝の影響が確率的である一方で，環境の影響も確率的だといえます。図10.2 は，環境の影響を模式的に表したものです。AさんとBさんを比較すると，AさんはBさんよりもより明るくなるような遺伝子セットをもって生まれてきたとします。しかし，遺伝の状態がそのまま現在の明るさを規定するわけではありません。実際には，さまざまな環境が影響を及ぼしていきます。たとえ遺伝的な初期値が異なっていたとしても，AさんとBさんの環境の影響具合によっては，明るさが入れ替わることもありますし，同程度になることもあり得るのです。ただし，どのような環境がどのようなパーソナリティ特性にどの程度影響するのかについては，まだわかっていない部分も多くあります。

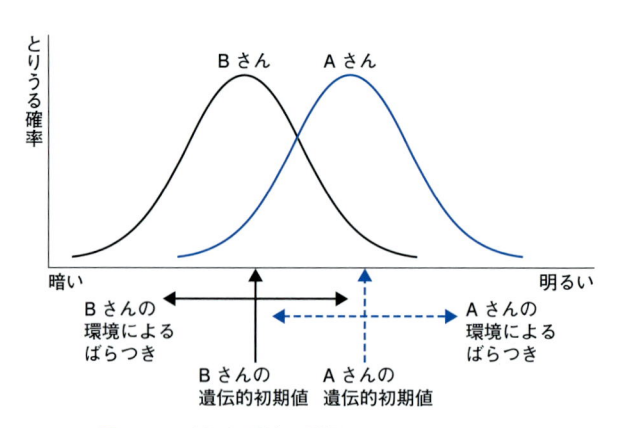

図 10.2　遺伝と環境の影響 (小塩, 2010 より)

5. 似ている

　親と子が「似ている」，きょうだいが「似ている」といった表現をすることがあります。しかし，「似ている」「似ていない」というのは，とても曖昧な表現です。まず，何と何に比べて，何と何は似ている，という比較基準を設けることが重要です。たとえば，人間どうしは人間とチンパンジーに比べればよく似ています。しかし，人間とチンパンジーは，人間とライオンに比べればよく似ているのです。また，日本人どうしはよく似ているかもしれませんが，大阪生まれの人どうしは大阪生まれと東北生まれの人よりはよく似ているかもしれません。このように，何と何を比べるかによって，「似ている」という評価は変わってくるのです。

　また，「似ている」「似ていない」という二者択一の問題ではないという点も重要です。次に説明するように，この問題を扱う際には，相関係数という統計指標を用いて検討します。

10.3.2 データから学ぶ

1. 行動遺伝学

　双生児や親子，きょうだいのような血のつながった人々，あるいは養子の親子やきょうだいのように遺伝的な関係はない一方で環境を共有する生活をしている多くの人々の，心理的・行動的形質の類似性を，統計的な方法によって遺伝の影響の様相を明らかにする学問を，**行動遺伝学**といいます（安藤，2000）。これまでに世界中で，多くの人々から行動遺伝学的なデータが集められてきています。

　とくに注目されるのが，一卵性双生児と二卵性双生児です。同じ双生児であっても，一卵性双生児のペアは遺伝的な一致率が100％であり，まったく同じ遺伝子をもっています。その一方で二卵性双生児のペアは，遺伝的な一致率が50％であり，この遺伝の一致率は親と子，年の離れたきょうだいどうしと同じです。一卵性双生児と二卵性双生児の知能やパーソナリティの類似度を調べ，得られたデータを統計的な手法で分析することで，遺伝と環境

2. 双生児の類似性

　一卵性双生児のきょうだいは，二卵性双生児のきょうだいよりもよく似ているという印象があります。では実際に，パーソナリティの類似性はどの程度異なるのでしょうか。図10.3は，ビッグ・ファイブの各次元について，一卵性双生児のきょうだい間の相関係数と二卵性双生児のきょうだい間の相関係数をグラフにしたものです。一卵性双生児のきょうだい間の相関係数は，おおよそ0.40から0.50程度であるのに対し，二卵性双生児のきょうだい間の相関係数はずっと低く，ほぼ0（調和性）から0.30（神経症傾向と開放性）程度です。いずれのきょうだいのペアも同じ家庭で育っていることを考えると，この差は遺伝の一致率が100％（一卵性）であるか50％（二卵性）であるかという違いに影響を受けていることが推測されます。

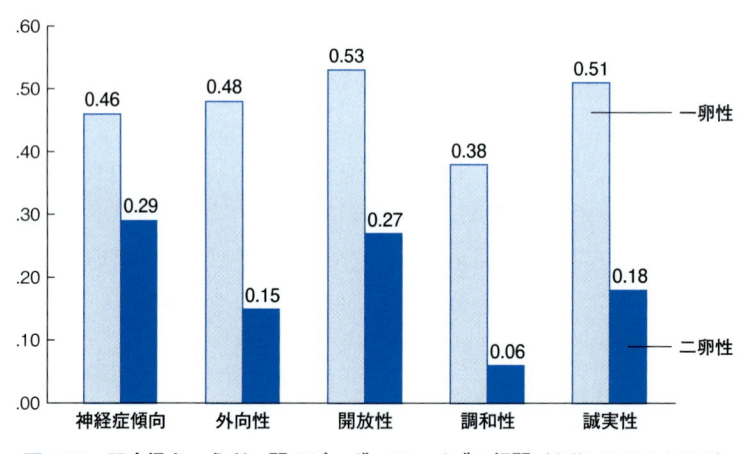

図10.3　双生児きょうだい間のビッグ・ファイブの相関（安藤，2012を改変）

次元	一卵性	二卵性
神経症傾向	0.46	0.29
外向性	0.48	0.15
開放性	0.53	0.27
調和性	0.38	0.06
誠実性	0.51	0.18

3. 影響力を算出

　双生児から集めたデータを統計的に分析することで，遺伝と環境の影響力を推定することができます（表10.7）。

表 10.7 **遺伝と環境の影響力**（小塩, 2010 を改変）

	遺伝率	共有環境	非共有環境
ビッグ・ファイブ			
神経症傾向	.41～.58	ほぼ0	.42～.59
外向性	.49～.56	ほぼ0	.44～.51
開放性	.45～.58	ほぼ0	.42～.55
調和性	.33～.52	ほぼ0	.48～.67
誠実性	.38～.53	ほぼ0	.62～.47
知的側面			
知能	.52	.34	.14
学業成績	.38	.31	.31
学歴	.49	.33	.18
身体的側面			
身長	.66	.24	.10
体重	.74	.06	.20
身体的魅力	.42	.00	.58
運動好き	.58	.00	.42

（注）安藤, 2000；Bouchard & McGue, 2003；Olson, Vernon, Harris, & Jang, 2001 に基づく。

なおここでは，環境の影響力を2つに分けています。共有環境とは，ふたごを互いに類似させる方向に影響する環境のことで，主に家庭内の環境だといわれています。また非共有環境とは，ふたごを類似させない方向に影響を及ぼす環境のことで，主に家庭外の環境だといわれています。

表10.7に示しているように，ビッグ・ファイブ・パーソナリティに及ぼす影響は，遺伝が約50%，非共有環境が約50%であり，共有環境の影響力はほぼ0だということがわかります。

4. 家庭環境はいらないのか

ビッグ・ファイブに対して共有環境の影響力が見出せないということは，「家庭環境が不要」だということを意味するわけではありません。ある家庭内の環境が存在するときに，きょうだいの1人にはある影響が与えられるとしても，別の子どもにはまったく違う影響が生じてしまうような関係にあることを意味します。

たとえば，親が子どもの誠実性を高めようとして，後片づけをするようにうるさく言ったとします。そして，長女はそのような環境のもとで実際に誠実性が高まり，整理整頓をするようになったとします。しかし，まったく同じように言っているにもかかわらず，次女にはまったく影響しない，それどころか誠実性が低下し，部屋が乱雑になっていくことすらあり得るということです。このように，家庭内の環境が同じようであっても，子どものパーソナリティに及ぼす影響が異なってしまう様子が，共有環境の影響力がみられないという結果に反映しているのです。

その一方で表 10.7 に示すように，パーソナリティ以外には共有環境の影響力が見出される特性もあります。このように，どのような特徴に注目するかによっても，遺伝と環境の影響力が異なってくるのです。

10.4 パーソナリティの発達

10.4.1 気　質

他の章で説明したように，「気質」という言葉にはいくつかの意味がありますが，まだ言葉を十分に話すことができない乳幼児期の心理学的個人差のことも「気質」といいます。

アメリカの心理学者トーマスとチェスは，ニューヨークで縦断的研究（同一対象者に繰返し調査を行う研究手法）を行うなかで，いくつか共通の特徴をもつ子どもたちがいることを見出しました（Thomas, A., Chess, S., & Birch, H. G., 1968）。そして，生後間もない乳児の日常場面での行動上の特徴を，表 10.8 の気質特性次元としてまとめました。さらにこの特性次元から，3 種類の乳児の気質類型を見出しました。

第 1 の類型は「扱いやすい子（easy child）」であり，新しい場面に慣れやすく機嫌が良く，生活パターンに大きな問題のない，親にとって育てやすい子どもです。第 2 の類型は「ウォームアップに時間のかかる子（slow-to-warm-up child）」であり，活動水準が低く環境の変化に慣れるのに時間がか

表 10.8 気質の特性次元と類型 (稲垣, 2006；菅原, 1996 を参考に作成)

気質特性次元	特徴
活動水準	身体運動の活発さ。
周期の規則性	睡眠・排泄など身体・生活の規則正しさ。
順応性	環境変化への慣れやすさ。
接近・回避	はじめて接するものへの反応。
刺激に対する閾値	刺激に対する敏感さ。
反応強度	反応の表出の大きさ。
気分の質	機嫌が良いことが多いか少ないか。
気の散りやすさ	別の刺激への注目しやすさ。
注意の範囲と持続性	注意の長さ・集中しやすさ。

気質類型	特徴
扱いやすい子	規則的なリズム，機嫌が良いことが多い。
ウォームアップに時間のかかる子	環境変化に慣れるまでに時間がかかる，引っ込み思案。
扱いにくい子	生活リズムが不規則，不機嫌になりやすい。

かる子どもです。そして第 3 の類型は「扱いにくい子 (difficult child)」であり，生活リズムが不規則になりやすく，新しい状況にもなかなか慣れない，機嫌が悪いことが多く親が育てるのが難しいと感じる子どもです。トーマスとチェスは，扱いやすい子が約 40％，ウォームアップに時間のかかる子が約 15％，扱いにくい子が約 10％いたことを報告しています（なお，その他の平均的な子どもが約 35％でした）。

10.4.2 気質からパーソナリティへ

　乳児期の気質は，そのまま成人まで引き継がれていくのでしょうか。表 10.9 は，縦断的研究の結果をまとめたものです。年齢間隔が「1 歳と 2 歳」の部分は，同一の対象の 1 歳のときの調査と 2 歳のときの調査の，同じ特性間の相関係数を表しています。同じように，「1 歳と成人」の部分は，同一人物の同一（と考えられる）特性の，1 歳のときと成人時の調査間の相関係数です。

表 10.9 年齢に伴う特性間の相関係数 (菅原, 2003 を小塩, 2010 が改変)

気質特性次元	1歳と2歳	2歳と3歳	3歳と4歳	4歳と5歳	1歳と5歳	1歳と成人
活動水準	.30	.38	.33	.37	.18	.06
周期の規則性	.41	.38	.18	.35	.22	−.10
順応性	.33	.41	.45	.52	.14	.14
接近・回避	.09	.02	.20	.40	−.03	−.02
刺激に対する閾値	.43	.22	.30	.28	.22	.15
反応強度	.45	.39	.33	.33	.02	.20
気分の質	.52	.19	.28	.29	.08	−.07
気の散りやすさ	−.07	.17	.19	.11	.08	.03
注意の範囲と持続性	.09	.35	.22	.14	.02	−.13

(注) 太字は相関係数が1％水準で有意 ($r = .23$ 以上, $N = 131$) であることを意味する。
なお, $r = .18$ 以上 ($N = 131$) の場合には5％水準で有意と判断することもできる。

表 10.9 をみると，1年間隔では同一特性間の相関係数は高い傾向にあり，ある程度の一貫性が観察されます。しかし，1歳と5歳，また1歳と成人になると相関係数は非常に低い値となっており，乳幼児期にもっている気質の特徴が，成長とともにそのまま引き継がれるわけではないことがわかります。つまり，「幼い頃はこうだったから大人になったらこうなる」という予測をすることは難しく，経験によって気質も変化していくことがうかがわれます。

10.4.3 安定と変化

「性格（パーソナリティ）は○歳で確定してしまって，あとは変わらない」という表現を聞いたことはないでしょうか。○の部分には，さまざまな年齢が入ります。

では実際にはどうなのでしょうか。ロバーツとデルヴェッキオは，150以上の縦断的方法を用いた研究をまとめるメタ分析を行い，この問題を検討しています（Roberts, B. W., & DelVecchio, W. F., 2000）。図 10.4 は，その結果の一部です。グラフの高さは，その年齢段階におけるパーソナリティ全体の安定度を表しています。

10.4 パーソナリティの発達

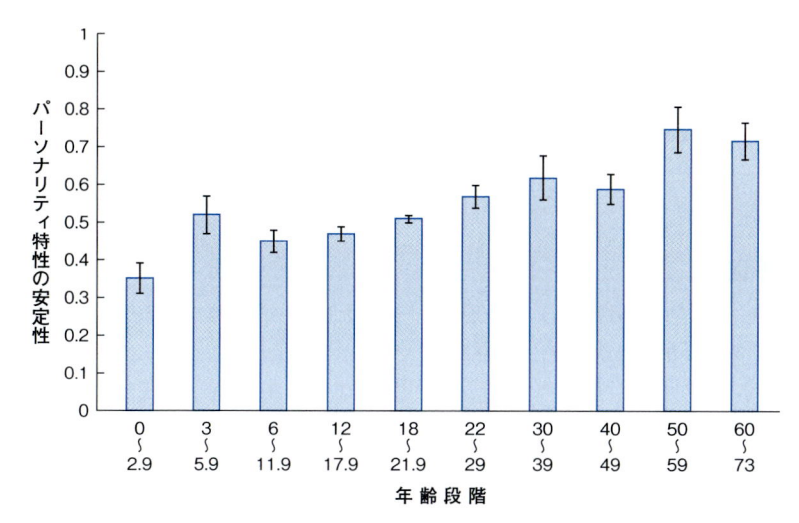

図10.4 年齢ごとに見たパーソナリティの安定性 (Roberts & DelVecchio, 2000 を改変)

3歳未満の安定性は0.3程度，そこから思春期，青年期を通じて0.5程度まで安定性は上昇していきます。さらに，成人期から老年期にかけて0.5程度から0.7程度へと安定性は上昇していきます。

確かに，成人期から老年期にかけて，パーソナリティの安定性は上昇していきます。しかし，完全に安定しているわけではありません。「○歳で確定する」ということは難しそうです。

10.4.4 変化の方向

アメリカの心理学者ソトーらは，インターネット上で126万人以上の人々から得たデータを分析することで，パーソナリティの発達的変化の様子を検討しています (Soto, C. J., John, O. P., Gosling, S. D., & Potter, J., 2011)（図10.5）。結果から，開放性を除く4つで女性のほうが男性よりも全体として得点が高いことが示されています。また，10代の思春期・青年期の時期は，神経症傾向が高く開放性，調和性，誠実性が低くなるなどネガティブな特徴が顕著になります。そして成人期以降は，青年期とは逆にポジティブ

な意味をもつパーソナリティの方向へと年齢にともなって変化していきます。このように長期的にみると，年齢に伴って一定の方向へのパーソナリティの変化も観察されます。

参考図書

ネトル, D.　竹内和世（訳）（2009）．パーソナリティを科学する——特性5因子であなたがわかる——　白揚社
　ビッグ・ファイブ理論とその周辺の研究をわかりやすく解説しています。

ゴズリング, S.　篠森ゆりこ（訳）（2008）．スヌープ！あの人の心ののぞき方　講談社
　ビッグ・ファイブを軸にしながら，モノや趣味に反映する個人差要因が何を意味するのかをわかりやすく解説しています。

グラッドウェル, M.　勝間和代（訳）（2009）．天才！成功する人々の法則　講談社
　知能をはじめ，卓越した能力はどのように生じるのかを多面的に解説しています。

10.4 パーソナリティの発達

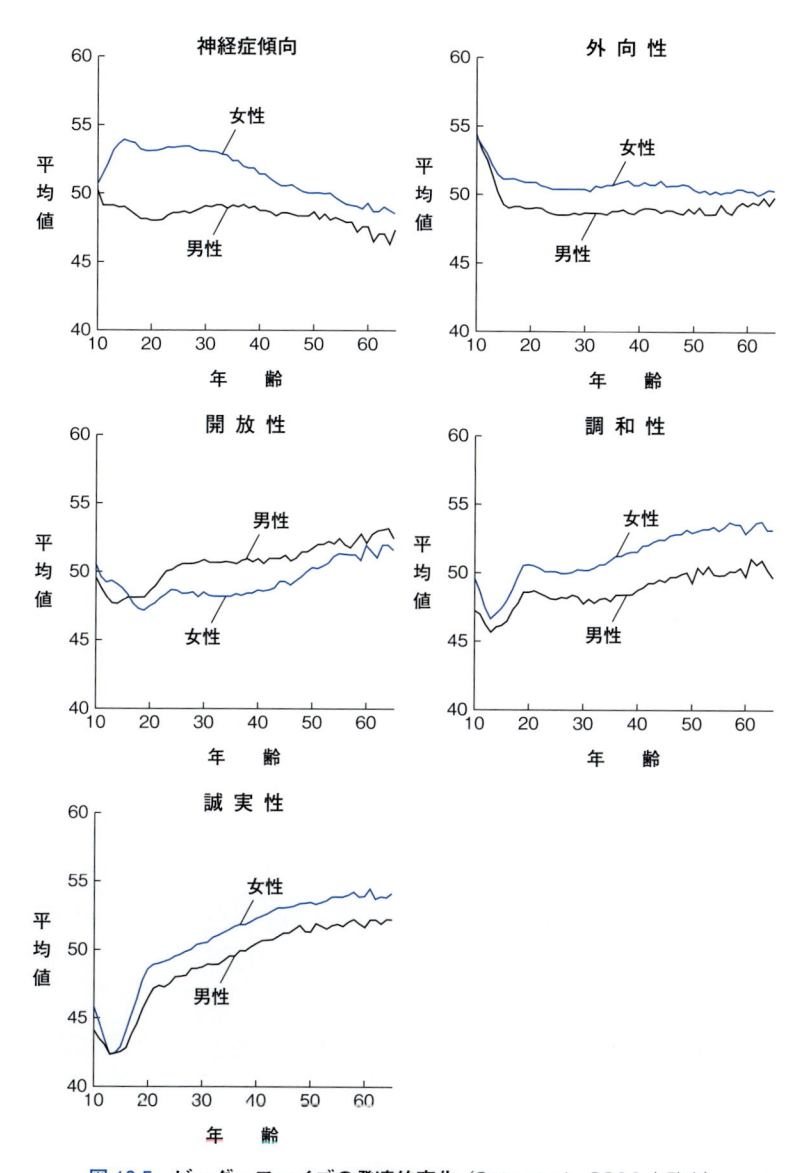

図 10.5　ビッグ・ファイブの発達的変化（Soto et al., 2011 を改変）

引用文献

第 1 章

Allport, G. W. (1961). *Pattern and growth in personality*. New York：Holt, Rinehart, and Winston.
　　（オールポート, G. W. 今田　恵（監訳）(1968). 人格心理学　上・下　誠信書房）
荒川　歩・原島雅之（2010）．人はいつ「性格」概念を使うのか——ブログにおける「性格」への言及の分類——　パーソナリティ研究, **19**, 1-14.
Cattel, R. B. (1965). *The scientific analysis of personality*. London：Penguin Books.
　　（キャッテル, R. B. 斎藤耕二・安塚俊行・米田弘枝（訳）(1981). パーソナリティの心理学［改訳版］　金子書房）
Child, I. L. (1968). Personality in culture. In E. F. Borgatta, & W. W. Lambert (Eds.), *Handbook of personality theory and research*. Chicago：Rand McNally.
Eysenck, H. J. (1952). *The scientific study of personality*. London：Routledge & Kegan Paul.
富士川　游（1912）．骨相と人格　心理研究, **1**, 33-56.
古澤照幸（2007）．ニセ心理学にだまされるな！　同友館
Hall, C. S., & Lindsey, G. (1957). *Theories of personality*. New York：Wiley.
井邑智哉・青木多寿子・高橋智子・野中陽一郎・山田剛史（2013）．児童生徒の品格とWell-being の関連——よい行為の習慣からの検討——　心理学研究, **84**, 247-255.
McDaniel, M. A. (2005). Big-brained people are smarter：A meta-analysis of the relationship between in vivo brain volume and intelligence. *Intelligence*, **33**, 337-346.
松村　明（1998）．大辞泉　小学館
小塩真司（2010）．はじめて学ぶパーソナリティ心理学——個性をめぐる冒険——　ミネルヴァ書房
Pervin, L. A. (2003). *The science of personality*. 2nd ed. New York：Oxford University Press.
佐藤幸治（1951）．人格心理学　創元社
惣郷正明・飛田良文（1986）．明治のことば辞典　東京堂出版
テオプラストス　森　進一（訳）(2003). 人さまざま　岩波書店
若林明雄（2009）．パーソナリティとは何か——その概念と理論——　培風館
渡邊芳之（2010）．性格とはなんだったのか——心理学と日常概念——　新曜社
依田　新（1968）．性格心理学　金子書房

第 2 章

国立教育政策研究所（2013）．平成 25 年度　全国学力・学習状況調査報告書　小学校　国語　文部科学省

Kretschmer, E.（1921）．*Körperbau und Charakter : Untersuchungen zum Konstitutionsproblem und zur Lehre von den Temperamenten.* Berlin：Springer.

（クレッチマー, E. 斎藤良象（訳）（1944）．体格と性格　肇書房）

文部科学省（2013）．平成 24 年度　学校保健統計調査
⟨http://www.e-stat.go.jp/SG1/estat/NewList.do?tid=000001011648⟩（2013 年 12 月 20 日）

三中信宏（2009）．分類思考の世界──なぜヒトは万物を「種」に分けるのか──　講談社

小塩真司（2010）．はじめて学ぶパーソナリティ心理学──個性をめぐる冒険──　ミネルヴァ書房

Stevens, S. S.（1946）．On the theory of scales of measurement. *Science,* **103,** 677–680.

第 3 章

Allport, G. W., & Odbert, H. S.（1936）．Trait-names：A psycholexical study. *Psychological Monographs,* **47,** No. 211.

Angleitner, A., Ostendorf, F., & John, O. P.（1990）．Toward a taxonomy of personality descriptions in German：A psycho-lexical study. *European Journal of Personality,* **4,** 89–118.

青木孝悦（1971）．性格表現用語の心理—辞典的研究──455 語の選択，分類および望ましさの評定──　心理学研究, **42,** 87–91.

青木孝悦（1972）．性格表現用語 580 語の意味類似による多因子解析から作られた性格の側面　心理学研究, **43,** 125–136.

青木孝悦（1974）．個性表現辞典──人柄をとらえる技術と言葉──　ダイヤモンド社

Baumgarten, F.（1933）．Die Charktereigenschaften. In Beitraege zur *Charakter-und Persoenlichkeitsforschung.* Bern：A. Francke.

Brokken, F. B.（1978）．*The language of personality.* Unpublished doctoral dissertation. Meppel, The Netherlands：Krips.（De Raad, 2000 による）

Caprara, G. V., & Perugini, M.（1994）．Personality described by adjectives：Generalizability of the "Big Five" to the Italian lexical context. *European Journal of Personality,* **8,** 357–369.

De Raad, B.（1992）．The replicability of the Big Five personality dimensions in three word-classes of the Dutch language. *European Journal of Personality,* **6,** 15–29.

De Raad, B.（2000）．*The Big Five personality factors : The psycholexical approach to personality.* Göttingen：Hogrefe & Huber Publishers.

De Raad, B., & Szirmak, Z. (1994). The search for the "Big Five" in a non-Indo-European language : The Hungarian trait structure and its relationship to the EPQ and the PTS. *European Review of Applied Psychology*, **44**, 17-24.

Galton, F. (1884). Measurement of character. *Fortnightly Review*, **36**, 179-185.

Gesell, A. (1926). *Mental growth of the pre-school child*. New York : Mcmillan.

Klages, L. (1926). *Die Grundlagen der Charakterkunde*. Bonn : Bouvier.
　　（クラーゲス，L. 千谷七郎・詫摩武元（訳）(1957). 性格学の基礎　岩波書店）

古浦一郎 (1952). 特性名辞の研究——その System を中心として——　古賀先生還暦記念心理学論文集（広島大学心理学教室），197-206.

村上宣寛 (2002). 基本的な性格表現用語の収集　性格心理学研究，**11**, 35-49.

村上宣寛 (2003). 日本語におけるビッグ・ファイブとその心理測定的条件　性格心理学研究，**11**, 70-85.

Partridge, G. E. (1910). *An outline of individual study*. New York : Sturgis & Walton.

Perkins, M. L. (1926). The teaching of ideals and the development of the traits of character and personality. *Proceedings of the Oklahoma Academy of Sciences*, **6**, 344-347.

新村　出 (1998). 広辞苑　第5版　岩波書店

Szirmak, Z., & De Raad, B. (1994). Taxonomy and structure of Hungarian personality traits. *European Journal of Personality*, **8**, 95-117.

第4章

Aronson, Z. H., Reilly, R. R., & Lynn, G. S. (2006). The impact of leader personality on new product development teamwork and performance : The moderating role of uncertainty. *Journal of Engineering and Technology Management*, **23**, 221-247.

Bernard, L. C., Walsh, R. P., & Mills, M. (2005). Ask once, may tell : Comparative validity of single and multiple item measurement of the Big-Five personality factors. *Counseling and Clinical Psychology Journal*, **2**, 40-57.

Cattell, R. B. (1943). The description of personality : Basic traits resolved into clusters. *Journal of Abnormal and Social Psychology*, **38**, 476-506.

Cattell, R. B. (1945). The principle trait clusters for describing personality. *Psychological Bulletin*, **42**, 129-161.

Cattell, R. B. (1956). Second-order personality factors in the questionnaire realm. *Journal of Consulting Psychology*, **20**, 411-418.

Costa, P. T., Jr., & McCrae, R. R. (1985). *The NEO personality inventory manual*. Odessa, FL : Psychological Assessment Resources.

Costa, P. T., Jr., & McCrae, R. R. (1992). *Revised NEO Personality Inventory (NEO-PI-R) and*

NEO Five-Factor Inventory (NEO-FFI) professional manual. Odessa, FL：Psychological Assessment Resources.

De Raad, B.（2000）. The Big Five Personality Factors：The psycholexical approach to personality. Göttingen：Hogrefe & Huber Publishers.

De Raad, B., & Hofstee, W. K. B.（1993）. A circumplex approach to the five factor model：A facet structure of trait adjectives supplemented by trait verbs. Personality and Individual Differences, 15, 493-505.

Digman, J. M., & Inoue, J.（1986）. Further specication of the five robust factors of personality. Journal of Personality and Social Psychology, 50, 116-123.

Digman, J. M., & Takemoto-Chock, N. K.（1981）. Factors in the natural language of personality：Re-analysis, comparison, and interpretation of six major studies. Multivariate Behavioral Research, 16, 149-170.

Eysenck, H. J.（1967）. The biological basis of personality. Springfield, IL：Charles C. Thomas Publisher.

（アイゼンク, H. J. 梅津耕作・祐宗省三他（訳）（1973）. 人格の構造 岩崎学術出版社）

FFPQ 研究会（1998）. FFPQ（5因子性格検査） 北大路書房

FFPQ 研究会（2002）. FFPQ（5因子性格検査）［改訂版］ 北大路書房

Fiske, D. W.（1949）. Consistency of the factorial structures of personality ratings from different sources. The Journal of Abnormal and Social Psychology, 44, 329-344.

藤島 寛・山田尚子・辻 平治郎（2005）. 5因子性格検査短縮版（FFPQ-50）の作成 パーソナリティ研究, 13, 231-241.

Goldberg, L. R.（1982）. From ace to zombie：Some explorations in the language of personality. In C. D. Spielberger, & J. N. Bucher（Eds.）, Advances in personality assessment. Vol. 1. Hilsdale, NJ：Erlbaum. pp. 203-234.

Goldberg, L. R.（1990）. An altanertive "Description of Personality"：The Big-Five structure. Journal of Personality and Social Psychology, 59, 1216-1229.

Gosling, S. D., Rentfrow, P. J., & Swann, W. B., Jr.（2003）. A very brief measure of the Big-Five personality domains. Journal of Research in Personality, 37, 504-528.

Guilford, J. P.（1975）. Factors of factors of personality. Psychological Bulletin, 82, 802-814.

Guilford, J. P., & Guilford, R. B.（1936）. Personality factors S, E, and M, and their measurement. Journal of Psychology：Interdisciplinary and Applied, 2, 109-127.

Guilford, J. P., & Guilford, R. B.（1939a）. Personality factors D, R, T, and A. Journal of Abnormal and Social Psychology, 34, 21-36.

Guilford, J. P., & Guilford, R. B.（1939b）. Personality factors N and G D. The Journal of

Abnormal and Social Psychology, **34**, 239-248.

Guilford, J. P., & Martin, H. G. (1943). *The Guilford-Martin inventory of factors GAMIN : Manual of directions and norms.* Beverly Hills, CA : Sheridan Supply.

萩生田伸子・繁桝算男（1995）．因子数選択のための新基準の提案　日本心理学会第59回大会発表論文集，p. 439.

柏木繁男・和田さゆり（1996）．5因子モデル（FFM）による性格テストの併存的妥当性の検討　心理学研究, **67**, 300-307.

柏木繁男・和田さゆり・青木孝悦（1993）．性格特性の BIG FIVE と日本語版 ACL 項目の斜交因子基本パターン　心理学研究, **64**, 153-159.

柏木繁男・山田耕嗣（1995）．性格特性5因子モデルによる内田クレペリンテストの評価について　心理学研究, **66**, 24-32.

McCrae, R. R., & Costa, P. T., Jr. (1983). Joint factors in self-reports and ratings : Neuroticism, extraversion, and openness to experience. *Personality and Individual Differences*, **4**, 245-255.

McCrae, R. R., & Costa, P. T., Jr. (1987). Validation of the Five-Factor Model of personality across instruments and observers. *Journal of Personality and Social Psychology*, **52**, 81-90.

McCrae, R. R., Terracciano, A., & 78 Members of The Personality Profiles of Cultures Project (2005). Universal features of personality traits from the observer's perspective : Data from 50 cultures. *Journal of Personality and Social Psychology*, **88**, 547-561.

McCrae, R. R., Terracciano, A., & 79 Members of The Personality Profiles of Cultures Project (2005). Personality profiles of cultures : Aggregate personality traits. *Journal of Personality and Social Psychology*, **89**, 407-425.

Mischel, W., Shoda, Y., & Ayduk, O. (2007). *Introduction to personality : Toward an integrative science of the person.* 8th ed. New York : John Wiley & Sons.
（ミシェル, W.・ショウダ, Y.・アイダック, O.　黒沢　香・原島雅之（監訳）（2010）．パーソナリティ心理学——全体としての人間の理解——　培風館）

村上宣寛（2002）．基本的な性格表現用語の収集　性格心理学研究, **11**, 35-49.

村上宣寛（2003）．日本語におけるビッグ・ファイブとその心理測定的条件　性格心理学研究, **11**, 70-85.

村上宣寛・村上千恵子（1997）．主要5因子性格検査の尺度構成　性格心理学研究, **6**, 29-39.

村上宣寛・村上千恵子（1999）．主要5因子性格検査の世代別標準化　性格心理学研究, **8**, 32-42.

中里浩明・Bond, M. H.・白石大介（1976）．人格認知の次元性に関する研究——Norman

仮説の検討—— 心理学研究, **47**, 139-148.

並川 努・谷 伊織・脇田貴文・熊谷龍一・中根 愛・野口裕之（2012）．Big Five 尺度短縮版の開発と信頼性と妥当性の検討 心理学研究, **83**, 91-99.

Norman, W. T. (1963). Toward an adequate taxonomy of personality attributes: Replicated factor structure in peer nomination personality ratings. *Journal of Abnormal and Social Psychology*, **66**, 574-583.

Norman, W. T. (1967). *2800 personality trait descriptors: Normative operating characteristics for a university population*. Ann Arbor, MI: University of Michigan.

小塩真司（2010）．はじめて学ぶパーソナリティ心理学——個性をめぐる冒険—— ミネルヴァ書房

小塩真司・阿部晋吾・カトローニ, P.（2012）．日本語版 Ten Item Personality Inventory（TIPI-J）作成の試み パーソナリティ研究, **21**, 40-52.

Oshio, A., Abe, S., Cutrone, P., & Gosling, S. D. (2013). Big Five content representation of the Japanese version of the Ten-Item Personality Inventory. *Psychology*, **4**, 924-929.

Rammstedt, B., & John, O. P. (2007). Measuring personality in one minute or less: A 10-Item short version of the Big Five inventory in English and German. *Journal of Research in Personality*, **41**, 203-212.

下仲順子・中里克治・権藤恭之・高山 緑（1998a）．日本語版 NEO-PI-R の作成とその因子的妥当性の検討 性格心理学研究, **6**, 138-147.

下仲順子・中里克治・権藤恭之・高山 緑（1998b）．日本語版 NEO-PI-R 人格検査と NEO-FFI 短縮版 辻 平治郎（編著）5因子性格検査の理論と実際——こころをはかる5つのものさし—— 北大路書房 pp. 47-59.

下仲順子・中里克治・権藤恭之・高山 緑（1999）．NEO-PI-R, NEO-FFI 共通マニュアル 東京心理

曽我祥子（1999）．小学生用5因子性格検査（FFPC）の標準化 心理学研究, **70**, 346-351.

Spearman, C. E. (1904). "General intelligence", objectively determined and measured. *American Journal of Psychology*, **15**, 201-293.

Thurstone, L. L. (1934). The vectors of mind. *Psychological Review*, **41**, 1-32.

辻 平治郎（1998）．辻らの5因子モデルと FFPQ 辻 平治郎（編著）5因子性格検査の理論と実際——こころをはかる5つのものさし—— 北大路書房 pp. 60-70.

Tupes, E. C., & Christal, R. E. (1961). Recent personality factors based on trait ratings. *USAF ASD Technical Report*, No. 61-97.

辻岡美延（1982）．新性格検査法——Y-G 性格検査実施・応用・研究手引—— 日本・心理テスト研究所

内田照久（2002）．音声の発話速度が話者の性格印象に与える影響 心理学研究, **73**, 131-

139.
和田さゆり（1996）．性格特性用語を用いた Big Five 尺度の作成　心理学研究, **67**, 61-67.
Woods, S. A., & Hampson, S. E.（2005）. Measuring the Big Five with single items using bipolar response scale. *European Journal of Personality*, **19**, 373-390.
矢田部達郎・園原太郎・辻岡美延（1965）．YG 性格検査（矢田部ギルフォード性格検査）一般用　日本心理テスト研究所

第5章

Allport, G. W., & Odbert, H. S.（1936）. Trait-names：A psycholexical study. *Psychological Monographs*, **47**, No. 211.
青木孝悦（1972）．性格表現用語 580 語の意味類似による多因子解析から作られた性格の側面　心理学研究, **43**, 125-136.
Atkinson, J. W.（1957）. Motivational determinants of risk-taking behavior. *Psychological Review*, **64**, 359-372.
淡路圓治郎・岡部彌太郎（1932a）．向性検査と向性指数（上）──有栖川宮記念奨学費による研究の一部──　心理学研究, **7**, 1-54.
淡路圓治郎・岡部彌太郎（1932b）．向性検査と向性指数（中）　心理学研究, **7**, 373-414.
淡路圓治郎・岡部彌太郎（1933）．向性検査と向性指数（下）　心理学研究, **8**, 417-438.
Barlett, C. P., & Anderson, C. A.（2012）. Direct and indirect relations between the Big 5 personality traits and aggressive and violent behavior. *Personality and Individual Differences*, **52**, 870-875.
Baumeister, R., & Tierney, J.（2011）. *Willpower：Rediscovering the greatest human strength.* New York：Penguin Press.
　（バウマイスター，R.・ティアニー，J.　渡会圭子（訳）（2013）．WILLPOWER 意志力の科学　インターシフト）
Cain, S.（2012）. *Quiet：The power of introverts in a world that can't stop talking.* New York：Crown Publishers.
　（ケイン，S.　古草秀子（訳）（2013）．内向型人間の時代──社会を変える静かな人の力──　講談社）
Costa, P. T., Jr., & McCrae, R. R.（1992）. *Revised NEO Personality Inventory (NEO-PI-R) and NEO Five-Factor Inventory (NEO-FFI) professional manual.* Odessa, FL：Psychological Assessment Resources.
Eysenck, H. J.（1967）. *The biological basis of personality.* Springfield, IL：Charles C. Thomas Publisher.
　（アイゼンク，H. J.　梅津耕作・祐宗省三他（訳）（1973）．人格の構造　岩崎学術出版

社)

FFPQ研究会（1998）．FFPQ（5因子性格検査）　北大路書房

FFPQ研究会（2002）．FFPQ（5因子性格検査）［改訂版］　北大路書房

福島哲夫（2011）．ユング心理学でわかる「8つの性格」　PHP研究所

Gladwell, G. (2009). *Outliers : The story of success.* London：Penguin Books.
　　（グラッドウェル，M. 勝間和代（訳）（2009）．天才！成功する人々の法則　講談社）

Goldberg, L. R. (1990). An altanertive "Description of Personality"：The Big-Five structure. *Journal of Personality and Social Psychology,* **59**, 1216-1229.

Gosling, S. (2008). *Snoop : What your stuff says about you.* New York：Basic Books.
　　（ゴズリング，S. 篠森ゆりこ（訳）（2008）．スヌープ！──あの人の心ののぞき方──　講談社）

堀野　緑（1987）．達成動機の構成因子の分析──達成動機の概念の再検討──　教育心理学研究，**35**, 148-154.

Jung, C. G. (1921/1950). *Psychologische Typen.*
　　（ユング，C.G. 吉村博次（訳編）（2012）．心理学的類型　中央公論新社）

Kern, M. L., & Friedman, H. S. (2008). Do conscientious individuals live longer?：A quantitative review. *Health Psychology,* **27**, 505-512.

小堀　修・丹野義彦（2004）．完全主義の認知を多次元で測定する尺度作成の試み　パーソナリティ研究，**13**, 34-43.

子安増生（2000）．心の理論──心を読む心の科学──　岩波書店

McClelland, D. C. (1961). *The achieving society.* New York：Van Nostrand.
　　（マクレランド，D. C. 林　保（監訳）（1971）．達成動機──企業と経済発展におよぼす影響──　産業能率短期大学出版部）

Moran, T. F. (1935). A brief study of the validity of a neurotic inventory. *Journal of Applied Psychology,* **19**, 180-189.

MPI研究会（2009）．新・性格検査法［オンデマンド版］　誠信書房

村上宣寛・村上千恵子（1997）．主要5因子性格検査の尺度構成　性格心理学研究，**6**, 29-39.

内閣府（2004）．第7回　世界青年意識調査　共生社会政策統括官青少年育成
　　〈http://www8.cao.go.jp/youth/kenkyu/worldyouth7/pdf/top.html〉（2014年1月25日）

Nettle, D. (2007). *Personality : What makes you the way you are.* Oxford：Oxford University Press.
　　（ネトル，D. 竹内和世（訳）（2009）．パーソナリティを科学する　白揚社）

Nettle, D., & Liddle, B. (2008). Agreeableness is related to social-cognitive, but not social-perceptual, theory of mind. *European Journal of Personality,* **22**, 323-335.

引用文献

Norman, W. T. (1967). *2800 personality trait descriptors : Normative operating characteristics for a university population*. Ann Arbor, MI: University of Michigan.

大谷佳子・桜井茂男 (1995). 大学生における完全主義と抑うつ傾向および絶望感との関係　心理学研究, **66**, 41-47.

Papurt, M. J. (1930). A study of the Woodworth psychoneurotic inventory with suggested revision. *The Journal of Abnormal and Social Psychology*, **25**, 335-352.

桜井茂男・大谷佳子 (1997). "自己に求める完全主義"と抑うつ傾向および絶望感との関係　心理学研究, **68**, 179-186.

下仲順子・中里克治・権藤恭之・高山　緑 (1999). NEO-PI-R, NEO-FFI 共通マニュアル　東京心理

丹野義彦 (2003). 性格の心理——ビッグファイブと臨床からみたパーソナリティ——　サイエンス社

Thurstone, L. L., & Thurstone, T. G. (1930). A neurotic inventory. *Journal of Social Psychology*, **1**, 3-30.

Trull, T. J., & Sher, K. J. (1994). Relationship between the Five-Factor Model of Personality and Axis I disorders in a nonclinical sample. *Journal of Abnormal Psychology*, **103**, 350-360.

辻　平治郎 (1998). 辻らの5因子モデルとFFPQ　辻　平治郎 (編著) 5因子性格検査の理論と実際——こころをはかる5つのものさし——　北大路書房　pp. 60-70.

Tupes, E. C., & Christal, R. E. (1961). Recent personality factors based on trait ratings. *USAF ASD Technical Report*, No. 61-97.

Woodworth, R. S. (1917). *Personal data sheet*. Chicago: Stoelting.

Woodworth, R. S. (1919). Examination of emotional fitness for warfare. *Psychological Bulletin*, **16**, 59-60.

第6章

Almagor, M., Tellegen, A., & Waller, N. G. (1995). A cross-cultural replication and further exploration of the basic dimensions of natural language trait descriptions. *Journal of Personality and Social Psychology*, **69**, 300-307.

Ashton, M. C., & Lee, K. (2001). A theoretical basis for the major dimension of personality. *European Journal of Personality*, **15**, 327-353.

Ashton, M. C., Lee, K., Perugini, M., Szarota, P., de Vries, R. E., Di Blas, L., Boies, K., & De Raad, B. (2004). A six-factor structure of personality-descriptive adjectives : Solutions from psycholexical studies in seven languages. *Journal of Personality and Social Psychology*, **86**, 356-366.

引用文献

Ashton, M. C., Lee, K., de Vries, R. E., Perugini, M., Gnisci, A., & Sergi, I. (2006). The HEXACO model of personality structure and indigenous lexical personality dimensions in Italian, Dutch, and English. *Journal of Research in Personality*, **40**, 851-875.

Benet, V., & Waller, N. G. (1995). The big seven factor model of personality description : Evidence for its cross-cultural generality in a Spanish sample. *Journal of Personality and Social Psychology*, **69**, 701-718.

Cloninger, C. R., Svrakic, D. M., & Przybeck, T. R. (1993). A psychobiological model of temperament and character. *Archives of General Psychiatry*, **50**, 975-990.

De Raad, B., Barelds, D. P. H., Ostendorf, F., Mlačić, B., Blas, L. D., Hřebíčková, M., Szirmák, Z., Szarota, P., Perugini, M., Church, A. T., & Katigbak, M. S. (2010). Only three factors of personality description are gully replicable across languages : A comparison of 14 trait taxonomies. *Journal of Personality and Social Psychology*, **98**, 160-173.

De Raad, B., Barelds, D. P. H., Timmerman, M. E., Roover, K. D., Mlačić, B., & Church, A. T. (2014). Towards a pan-cultural personality structure : Input from 11 psycholexical studies. *European Journal of Personality*, published online.

DeYoung, C. G., Peterson, J. B., & Higgins, D. M. (2002). Higher-order factors of the Big Five predict conformity : Are there neurosis of health? *Personality and Individual Differences*, **33**, 533-552.

Digman, J. M. (1997). Higher-order factors of the Big Five. *Journal of Personality and Social Psychology*, **73**, 1246-1256.

Figueredo, A. J., Våsquez, G., Brumbach, B., Schneider, S. M. R., Sefcek, J. A., Tal, I. R., Hill, D., Wenner, C. J., & Jacobs, W. J. (2006). Consilience and life history theory : From genes to brain to reproductive strategy. *Developmental Review*, **26**, 243-275.

古澤照幸 (2010). 刺激欲求特性が社会行動に及ぼす影響　同友館

Gray, J. A. (1971). *The psychology of fear and stress*. London : George Weidenfeld and Nicolson.
（グレイ, J. A. 斎賀久敬・今村護郎・篠田　彰・河内十郎（訳）恐怖とストレス　平凡社）

Gray, J. A. (1987). *The psychology of fear and stress*. 2nd ed. Cambridge : Cambridge University Press.
（グレイ, J. A. 八木欽治（訳）(1991). ストレスと脳　朝倉書店）

Gray, J. A., & McNaughton, N. (2003). *The neuropsychology of anxiety : An enquiry into the functions of the septo-hippocampal system*. 2nd ed. New York : Oxford University Press.

木島伸彦・斎藤令衣・竹内美香・吉野相英・大野　裕・加藤元一郎・北村俊則 (1996). Cloningerの気質と性格の7次元モデルおよび日本語版Temperament and Character

Inventory (TCI) 精神科診断学, **7**, 379-399.
Mischel, W. (1968). *Personality and assessment.* New York: Wiley.
（ミシェル, W. 詫摩武俊（監訳）(1992). パーソナリティの理論――状況主義的アプローチ――　誠信書房）
Revelle, W., & Wilt, J. (2013). The general factor of personality: A general critique. *Journal of Research in Personality*, **47**, 493-504.
Rushton, J. P., & Erdle, S. (2009). No evidence that social desirability response set explains the general factor of personality and its affective correlates. *Twin Research and Human Genetics*, **13**, 131-134.
Rushton, J. P., & Irwing, P. (2008). A general factor of personality (GFP) from two meta-analysis of the Big Five: Digman (1997) and Mount, Barrick, Scullen, and Rounds (2005). *Personality and Individual Differences*, **45**, 679-683.
Rushton, J. P., Irwing, P., & Booth, T. (2010). A General Factor of Personality (GFP) in the personality disorders: Three studies of the Dimensional Assessment of Personality Pathology—Basic Questionnaire (DAPP-BQ). *Twin Research and Human Genetics*, **13**, 301-311.
Saucier, G., Thalmayer, A. G., Payne, D. L., Carlson, R., Sanogo, L., Ole-Kotikash, L., Church, A. T., Katigbak, M. Somer, O., Szarota, P., Szirmåk, Z., & Zhou, X. (2013). A basic bivariate structure of personality attributes evident across nine languages. *Journal of Personality*, **82**, 1-14.
Simms, L. J. (2007). The big seven model of personality and its relevance to personality pathology. *Journal of Personality*, **75**, 1-30.
高橋雄介・山形伸二・木島伸彦・繁桝算男・大野　裕・安藤寿康（2007）．Gary の気質モデル――BIS/BAS 尺度日本語版の作成と双生児法による行動遺伝学的検討――　パーソナリティ研究, **15**, 276-289.
van der Linden, D., te Nijenhuis, J., & Bakker, A. B. (2010). The general factor of personality: A meta-analysis of Big Five intercorrelations and a criterion-related validity study. *Journal of Research in Personality*, **44**, 315-327.
若林明雄（2009）．パーソナリティとは何か――その概念と理論――　培風館
安田朝子・佐藤　徳（2002）．行動抑制システム・行動接近システム尺度の作成ならびにその信頼性と妥当性の検討　心理学研究, **73**, 234-242.
Zuckerman, M. (2002). Zuckerman-Kuhlman Personality Questionnaire (ZKPQ): An alternative five-factorial model. In B. de Raad, & M. Perugini (Eds.), *Big Five Assessment.* Göttingen: Hogrefe & Huber Publishers. pp. 377-396.
Zuckerman, M., Kolin, E. A., Price, L., & Zoob, I. (1964). Development of a sensation-seek-

ing scale. *Journal of Consulting Psychology*, **28**, 477-482.

第 7 章

Boring, E. D.（1950）．*A history of experimental psychology.* 2nd ed. New York：Appleton-Century-Crofts.

Campbell, D. T., & Fiske, D. W.（1959）．Convergent and discriminant validation by the multitrait-multimethod matrix. *Psychological Bulletin*, **56**, 81-105.

Forer, B. R.（1949）．The fallacy of personal validation：A classroom demonstration of gullibility. *Journal of Abnormal and Social Psychology*, **44**, 118-123.

Hogan, T. P.（2007）．*Psychological testing：A practical introduction.* New York：John Wiley & Sons.
　　（ホーガン，T. P. 繁桝算男・椎名久美子・石垣琢麿（訳）（2010）．心理テスト──理論と実践の架け橋── 培風館）

宮崎市定（1963）．科挙　中央公論社

村山　航（2012）．妥当性──概念の歴史的変遷と心理測定学的観点からの考察── 教育心理学年報，**51**, 118-130.

小塩真司（2010）．はじめて学ぶパーソナリティ心理学──個性をめぐる冒険── ミネルヴァ書房

第 8 章

生熊讓二・稲松信雄（2001）．文章完成法（Sentence Completion Test：SCT）　上里一郎（監修）心理アセスメントハンドブック［第 2 版］　西村書店　pp. 232-246.

木村　駿（2001）．TAT　上里一郎（監修）心理アセスメントハンドブック［第 2 版］　西村書店　pp. 123-139.

三浦正江・小川恭子（2001）．ビネー測定法　上里一郎（監修）心理アセスメントハンドブック［第 2 版］　西村書店　pp. 48-57.

小塩真司（2011）．YG性格検査　願興寺礼子・吉住隆弘（編）心理学基礎演習 Vol. 5　心理検査の実施の初歩　ナカニシヤ出版　pp. 105-113.

小塩真司（2013a）．質問紙法　藤永　保（監修）内田伸子・繁桝算男・杉山憲司（責任編集）（2013）．最新 心理学事典　平凡社　pp. 299-302.

小塩真司（2013b）．投映法　藤永　保（監修）内田伸子・繁桝算男・杉山憲司（責任編集）（2013）．最新 心理学事典　平凡社　pp. 545-548.

小塩真司（2013c）．作業検査法　藤永　保（監修）内田伸子・繁桝算男・杉山憲司（責任編集）（2013）．最新 心理学事典　平凡社　p. 230.

田中富士夫（2001）．MMPI　上里一郎（監修）心理アセスメントハンドブック［第 2 版］

引用文献

西村書店　pp. 97-110.
田中富士夫（2002）．MMPI 新日本版　松原達哉（編著）心理テスト法［第4版］――基礎知識と技法習得のために――　日本文化科学社　pp. 128-131.
田中教育研究所（1987）．田中ビネー知能検査法［1987年全訂版］　田研出版
辰野千尋（1995）．新しい知能観に立った　知能検査基本ハンドブック　図書文化社
「早稲田大学心理学教室五十年史」編集委員会（1981）．早稲田大学心理学教室五十年史　早稲田大学出版部
矢田部達郎・園原太郎・辻岡美延（1965）．YG 性格検査（矢田部ギルフォード性格検査）一般用　日本心理テスト研究所
依田麻子・杉若弘子（2001）．心理アセスメント序説　上里一郎（監修）心理アセスメントハンドブック［第2版］　西村書店　pp. 3-7.

第9章

Alessandri, G., Vecchione, M., Caprara, G., & Letzring, T. D.（2012）．The Ego Resiliency Scale revised：A crosscultural study in Italy, Spain, and the United States. *European Journal of Psychological Assessment*, **28**, 139-146.

American Psychiatric Association（2013）．*Diagnostic and statistical manual of mental disorders*. 5th ed；DSM-5. Washington：American Psychiatric Association.

Ames, D. R., Rose, P., & Anderson, C. P.（2006）．The NPI-16 as a short measure of narcissism. *Journal of Research in Personality*, **40**, 440-450.

Asendorpf, J. B., Borkenau, P., Ostendorf, F., & van Aken, M. A. G.（2001）．Carving personality description at its joints：Confirmation of three replicable personality prototypes for both children and adults. *European Journal of Personality*, **15**, 169-198.

Block, J. H., & Block, J.（1980）．The role of ego-control and ego-resiliency in organization of behavior. In W. A. Colins（Ed.）, *Development of cognition, affect, and social relations：The Minnesota symposia on child psychology*. Vol. 13. Hilsdale, NJ：Lawrence Erlabaum Associates. pp. 39-101.

Buckels, E. E., Jones, D. N., Paulhus, D. L.（2013）．Behavioral confirmation of everyday sadism. *Psychological Science*,（online first）, 1-9.

Erdle, S., Gosling, S. D., & Potter, J.（2009）．Does self-esteem account for the higher-order factors of the Big Five? *Journal of Research in Personality*, **43**, 921-922.

Erdle, S., Irwing, P., Rushton, J. P., & Park, J.（2010）．The general factor of personality and its relation to self-esteem in 628,640 Internet respondents. *Personality and Individual Differences*, **48**, 343-346.

Eysenck, H. J., & Eysenck, S. B. G.（1976）．*Psychoticism as a dimension of personality*. Lon-

引用文献

don：Hodder & Stoughton.
Fenigstein, A., Scheier, M. F., & Buss, A. H.（1975）. Public and private self-consciousness：Assessment and theory. *Journal of Consulting and Clinical Psychology*, **43**, 522-527.
Freud, S.（1914）. *On narcissism：An introduction*.
（フロイト，S. 懸田克躬・吉村博次（訳）（1969）. ナルシシズム入門　フロイト著作集　5　性欲論・症例研究　人文書院　pp. 109-132.）
畑　潮・小野寺敦子（2013）. Ego-Resiliency 尺度（ER89）日本語版作成と信頼性・妥当性の検討　パーソナリティ研究, **22**, 37-47.
速水敏彦（2006）. 他人を見下す若者たち　講談社
速水敏彦（2012）. 仮想的有能感の心理学――他人を見下す若者を検証する――　北大路書房
林　潤一郎（2007）. General Procrastination Scale 日本語版の作成の試み――先延ばしを測定するために――　パーソナリティ研究, **15**, 246-248.
小島弥生・太田恵子・菅原健介（2003）. 賞賛獲得欲求・拒否回避欲求尺度作成の試み　パーソナリティ研究, **11**, 86-98.
Lay, C. H.（1986）. At last, my research article on procrastination. *Journal of Research in Personality*, **20**, 474-495.
Masten, A. S., Best, K., & Garmezy, N.（1990）. Resilience and development：Contributions from the study of children who overcame adversity. *Development and Psychopathology*, **2**, 425-444.
中村敏健・平石　界・小田　亮・齋藤慈子・坂口菊恵・五百部　裕・清成透子・武田美亜・長谷川寿一（2012）. マキャベリアニズム尺度日本語版の作成とその信頼性・妥当性の検討　パーソナリティ研究, **20**, 233-235.
Nakaya, M., Oshio, A., & Kaneko, H.（2006）. Correlations for Adolescent Resilience Scale with Big Five Personality traits. *Psychological Reports*, **98**, 927-930.
岡村尚昌・津田　彰（2013）. 不安　藤永　保（監修）内田伸子・繁桝算男・杉山憲司（責任編集）（2013）. 最新　心理学事典　平凡社　pp. 660-664.
恩田　彰（1980）. 創造性開発の研究　厚生閣
大隅尚広・金山範明・杉浦義典・大平英樹（2007）. 日本語版一次性・二次性サイコパシー尺度の信頼性と妥当性の検討　パーソナリティ研究, **16**, 117-120.
小塩真司（2006）. 自己愛傾向と 5 因子性格――自己愛傾向の 2 成分モデルの特徴――　人文学部研究論集（中部大学）, **16**, 55-69.
小塩真司（2009）. 自己愛性格　高木　修（監修）安藤清志（編）シリーズ 21 世紀の社会心理学　13　自己と対人関係の社会心理学――「わたし」を巡るこころと行動――　北大路書房　pp. 106-115.

小塩真司・川崎直樹（編著）(2011). 自己愛の心理学――概念・測定・パーソナリティ・対人関係―― 金子書房

小塩真司・中谷素之・金子一史・長峰伸治 (2002). ネガティブな出来事からの立ち直りを導く心理的特性――精神的回復力尺度の作成―― カウンセリング研究, **35**, 57-65.

Paulhus, D. L., & Williams, K. M. (2002). The dark triad of personality: Narcissism, Machiavellianism, and psychopathy. *Journal of Research in Personality*, **36**, 556-563.

Robins, R. W., John, O. P., Caspi, A., Moffitt, T. E., & Stouthamer-Loeber, M. (1996). Resilient, overcontrolled, and undercontrolled boys: Three replicable personality types. *Journal of Personality and Social Psychology*, **70**, 157-171.

Robins, R. W., Tracy, J. L., Trzesniewski, K., Potter, J., & Gosling, S. D. (2001). Personality correlates of self-esteem. *Journal of Research in Personality*, **35**, 463-482.

Rosenberg, M. (1965). *Society and the adolescent self-image*. Princeton: Princeton University Press.

佐々木 淳・星野崇宏・丹野義彦 (2002). 精神病理の症状と性格5因子モデルとの関係 教育心理学研究, **50**, 65-72.

Scandell, D. J., & Scandell, D. (1998). The personality correlates of public and private self-consciousness from a five-factor perspective. *Journal of Social Behavior and Personality*, **13**, 579-593.

Schmitt, D. P., & Allik, J. (2005). Simultaneous administration of the Rosenberg Self-Esteem Scale in 53 nations: Exploring the universal and culture-specific features of global self-esteem. *Journal of Personality and Social Psychology*, **89**, 623-642.

Schouwenburg, H. C., & Lay, C. H. (1995). Trait procrastination and the Big Five factors of personality. *Personality and Individual Differences*, **18**, 481-490.

Silva, P. J., Nusbaum, E. C., Berg, C., Martin, C., & O'Connor, A. (2009). Openness to experience, plasticity, and creativity: Exploring lower-order, high-order, and interactive effects. *Journal of Research in Personality*, **43**, 1087-1090.

創造性心理研究会 (1969). S-A創造性検査手引き――O・A・B・C版共通―― 東京心理

菅原健介 (1986). 賞賛されたい欲求と拒否されたくない欲求――公的自意識の強い人に見られる2つの欲求について―― 心理学研究, **57**, 134-140.

鈴木有美 (2010). 『他人を見下す若者たち』の性格的特徴――仮想的有能感と5因子性格検査の関連―― 瀬木学園紀要, **6**, 66-71.

高野慶輔・丹野義彦 (2008). Rumination-Reflection Questionnaire日本語版作成の試み パーソナリティ研究, **16**, 259-261.

寺沢美彦・久米 稔・黒岩 誠 (2001). TCT創造性検査 上里一郎（監修）心理アセスメントハンドブック［第2版］ 西村書店 pp. 83-91.

Trapnell, P. D., & Campbell, J. D. (1999). Private self-consciousness and the Five-Factor Model of personality: Distinguishing rumination from reflection. *Journal of Personality and Social Psychology*, **76**, 284-304.

第10章

安藤寿康 (2000). 心はどのように遺伝するか――双生児が語る新しい遺伝観―― 講談社

安藤寿康 (2012). 遺伝子の不都合な真実――すべての能力は遺伝である―― 筑摩書房

青木孝悦 (1971). 性格表現用語の心理―辞典的研究――455語の選択, 分類および望ましさの評定―― 心理学研究, **42**, 87-91.

Bogg, T., & Roberts, B. W. (2004). Conscientiousness and high-related behaviors: A meta-analysis of the leading behavioral contributors to mortality. *Psychological Bulletin*, **130**, 887-919.

Bouchard, T. J. Jr., & McGue, M. (2003). Genetic and environmental influences on human psychological differences. *Journal of Neurobiology*, **54**, 4-45.

Chapman, B. P., Roberts, B. W., & Duberstein, P. (2011). Personality and longevity: Knows, unknowns, and implications for public health and personalized medicine. *Journal of Aging Research*, ID 759170, 1-24.

Gosling, S. D., & John, O. P. (1999). Personality dimensions in nonhuman animals: A cross-species review. *Current Directions in Psychological Science*, **8**, 69-75.

Gosling, S. D., Ko, S. J., Mannarelli, T., & Morris, M. E. (2002). A room with a cue: Personality judgments based on offices and bedrooms. *Journal of Personality and Social Psychology*, **82**, 379-398.

平芳幸子・中島定彦 (2009). 性格表現語を用いたイヌの性格特性構造の分析 動物心理学研究, **59**, 57-75.

稲垣由子 (2006). 乳幼児期における心の育ち 母子保健情報, **54**, 47-52.

King, J. E., & Figueredo, A. J. (1997). The five-factor model plus dominance in chimpanzee personality. *Journal of Research in Personality*, **31**, 257-271.

村上宣寛 (2002). 基本的な性格表現用語の収集 性格心理学研究, **11**, 35-49.

村山美穂 (2007). イヌの行動を遺伝子から解明する 生物科学, **58**, 148-156.

村山美穂 (2012). イヌの性格を遺伝子から探る 動物心理学研究, **62**, 91-99.

Olson, J. M., Vernon, P. A., Harris, J. A., & Jang, K. L. (2001). The heritability of attitudes: A study of twins. *Journal of Personality and Social Psychology*, **80**, 845-860.

小塩真司 (2010). はじめて学ぶパーソナリティ心理学――個性をめぐる冒険―― ミネルヴァ書房

小塩真司（2011）．性格を科学する心理学のはなし　新曜社
Poropat, A. E.（2009）. A meta-analysis of the five-factor model of personality and academic performance. *Psychological Bulletin*, **135**, 322-338.
Rentfrow, P. J., & Gosling, S. D.（2003）. The Do Re Mi's of everyday life：The structure and personality correlates of music preferences. *Journal of Personality and Social Psychology*, **84**, 1236-1256.
Roberts, B. W., & DelVecchio, W. F.（2000）. The rank-order consistency of personality traits from childhood to old age：A quantitative review of longitudinal studies. *Psychological Bulletin*, **126**, 3-25.
Soto, C. J., John, O. P., Gosling, S. D., & Potter, J.（2011）. Age differences in personality traits from 10 to 65：Big Five domains and facets in a large cross-sectional sample. *Journal of Personality and Social Psychology*, **100**, 330-348.
菅原ますみ（1996）．気質　青柳　肇・杉山憲司（1996）．パーソナリティ形成の心理学　福村出版　pp. 22-34.
菅原ますみ（2003）．個性はどう育つか　大修館書店
Svartberg, K.（2002）. Shyness-boldness predicts performance in working dogs. *Applied Animal Behavior Science*, **79**, 157-174.
Svartberg, K.（2005）. A comparison of behavior in test and in everyday life：Evidence of three consistent boldness-related personality traits in dogs. *Applied Animal Behavior Science*, **91**, 103-128.
Thomas, A., Chess, S., & Birch, H. G.（1968）. *Temperament and behavior disorders in children*. New York：New York University Press.
Trapmann, S., Hell, B., Hirn, J. W., & Schuler, H.（2007）. Meta-analysis of the relationship between the Big Five and academic success at university. *Zeitschrift für Psychologie*, **2**, 132-151.
Webb, E.（1915）. *Character and intelligence：An attempt at an exact study of character*. Cambridge, England：Cambridge University Press.
Weiss, A., Inoue-Murayama, M., King, J. E., Adams, M. J., & Matsuzawa, T.（2012）. All too human? Chimpanzee and orang-utan personalities are not anthropomorphic projections. *Animal Beahaviour*, **83**, 1355-1365.

人名索引

ア 行

アイゼンク（Eysenck, H. J.）　49, 73, 75
青木孝悦　37
アトキンソン（Atkinson, J. W.）　83
アリストテレス（Aristoteles）　12
アルマゴール（Almagor, M.）　92
淡路圓治郎　71
イノウエ（Inoue, J.）　55
ワイス（Weiss, A.）　155
ウェクスラー（Wechsler, D.）　123, 125
ウェブ（Webb, E.）　157
ウォーラー（Waller, N. G.）　92
内田勇三郎　136
ウッドワース（Woodworth, R. S.）　75
エクスナー（Exner, J., Jr.）　132
エビングハウス（Ebbinghaus, H.）　135
オールポート（Allport, G. W.）　33
オドバート（Odbert, H. S.）　33

カ 行

柏木繁男　137
カプララ（Caprara, G. V.）　35
ガル（Gall, F. J.）　12
ガレノス（Galēnos, Galen）　16
木島伸彦　100
キャッテル（Cattell, J. M.）　104
キャッテル（Cattell, R. B.）　46
ギルフォード（Guilford, J. P.）　48
キング（King, J. E.）　155

クーン（Kuhn, M. H.）　135
クラーゲス（Klages, L.）　33
グラッドウェル（Gladwell, G.）　83
クリスタル（Christal, R. E.）　51
グレイ（Gray, J. A.）　97
クレッチマー（Kretschmer, E.）　17
クレペリン（Kreapelin, E.）　136
クロニンジャー（Cloninger, C. R.）　99
ケイン（Cain, S.）　74
ゲゼル（Gesell, A.）　33
古浦一郎　36
ゴールドバーグ（Goldberg, L. R.）　56, 70
ゴールトン（Galton, F.）　32, 104
コスタ（Costa, P. T., Jr.）　55
ゴズリング（Gosling, S. D.）　67, 156〜158
ゴダード（Goddard, H. H.）　123
コッホ（Koch, K.）　135

サ 行

サーストン（Thurstone, L. L.）　44, 75
佐藤幸治　4
シェルドン（Sheldon, W. H.）　18
ジマーマン（Zimmerman, W. S.）　48
下仲順子　62
シュテルン（Stern, W.）　123
シュプランガー（Spranger, E.）　18
ジョン（John, O. P.）　67, 156
ズッカーマン（Zuckerman, M.）　100
スティーヴンス（Stevens, S. S.）　24

人名索引

スピアマン（Spearman, C. E.）　44, 105
ソーサー（Saucier, G.）　95
ソトー（Soto, C. J.）　171

タ 行

ターマン（Terman, L. M.）　123
タケモト=チョク（Takemoto-Chock, N. K.）　54
チェス（Chess, S.）　168
チャップマン（Chapman, B. P.）　161
辻　平治郎　62
ディグマン（Digman, J. M.）　54, 94
テオプラストス（Theophrastos）　10
デヤング（DeYoung, C. G.）　95
テラシアーノ（Terracciano, A.）　59
デルヴェッキオ（DelVecchio, W. F.）　170
テレゲン（Tellegen, A.）　92
トゥーペス（Tupes, E. C.）　51
トーマス（Thomas, A.）　168
戸川行男　133
ドラード（De Raad, B.）　56, 57, 94

ナ 行

中里浩明　60
中島定彦　154
ネトル（Nettle, D.）　76, 81
ノーマン（Norman, W. T.）　52

ハ 行

パーヴィン（Pervin, L. A.）　6
パーキンス（Perkins, M. L.）　33
パートリッジ（Partridge, G. E.）　33
バーナード（Bernard, L. C.）　66
バーナム（Barnum, P. T.）　116
バーンゼン（Bahnsen, J. F. A.）　12
バウムガルテン（Baumgarten, F.）　33
ハサウェイ（Hathaway, S. R.）　127

パブロフ（Pavlov, I. P.）　73
速水敏彦　149
バルドー（Baldi, C.）　13
ビネー（Binet, A.）　105, 123
ヒポクラテス（Hippocrates）　16
平芳幸子　154
ファンダー（Funder, D.）　89
フィスク（Fiske, D. W.）　47
フェニグスタイン（Fenigstein, A.）　145
フォア（Forer, B. R.）　116
富士川　游　13
ブッチャー（Butcher, J. N.）　128
ブリュイエール（Jean de La Bruyère）　12
古澤照幸　13
フロイト（Freud, S.）　146
ブロック（Block, J. H.）　141
ベイン（Bain, A.）　12
ベネット（Benet, V.）　92
ベン=ポラス（Ben-Porath, Y. S.）　128
ポールハス（Paulhus, D. L.）　149
ボッグ（Bogg, T.）　160
堀野　緑　83

マ 行

マキャベリ（Machiavelli, N.）　148
マクレー（McCrae, R. R.）　55, 59
マクレランド（McClelland, D. C.）　83
マッキンリー（McKinley, J. C.）　127
丸井文男　133
マレー（Murray, H.）　133
ミシェル（Mischel, W.）　88
村上宣寛　39, 62
村山美穂　155
モラン（Moran, T. F.）　75

ヤ 行

ヤーキーズ（Yerkes, R. M.）　123

矢田部達郎　48
ユング（Jung, C. G.）　19, 70
ヨーン（Yoon, C. K.）　19
横田象一郎　137

ラ　行

ライプニッツ（Leibniz, G. W. von）　13
ラシュトン（Rushton, J. P.）　96
ラムシュテッド（Rammstedt, B.）　67
レヴェル（Revelle, W.）　96
レントフロー（Rentfrow, P. J.）　158
ローゼンツァイク（Rosenzweig, S.）　133
ローゼンバーグ（Rosenberg, M.）　140
ロールシャッハ（Rorschach, H.）　131
ロバーツ（Roberts, B. W.）　160, 170

ワ　行

若林明雄　6, 91
和田さゆり　61
渡邊芳之　6

事項索引

ア 行
愛着性　65

因子分析　44

内田クレペリン精神検査　136

エゴグラム　130
エゴ・レジリエンス　141

カ 行
外向型　70
外向性　50, 61, 64, 65, 74, 140, 156
開放性　61, 64, 77, 79, 140, 156
仮想的有能感　149
活動性　156
間隔尺度　24
環世界センス　19
完全主義　84

気質　3, 168
基準関連妥当性　112
協調性　53

言語性検査　126

語彙仮説　32
5因子性格検査　62, 64
5因子モデル　56, 70

攻撃性　81
構成概念　8
向性検査　71
高潮性　53
行動遺伝学　165
心の理論　80
骨相学　13

サ 行
サイコパシー　149
先延ばし　150
作業検査法　136

刺激希求性　100
自己愛　146
自尊感情　140
自尊心　140
質問紙法　127
収束的妥当性　113
主題統覚検査　132
主要5因子性格検査　65
順序尺度　24
小学生用5因子性格検査　65
情緒安定性　53, 140
情緒不安定性　61
情動性　65
人格　3
神経症傾向　50, 64, 75, 77, 156
信頼性　53, 107

心理辞書的アプローチ　32
心理辞書的研究　32

性格　3
誠実性　61, 64, 83, 85, 140, 156
精神的回復力　141
精神年齢　124

創造性　144
相貌学　13

タ 行

達成動機　83
妥当性　109
多特性・多方法行列　113

知能検査　105, 121, 122
知能指数　125
調和性　61, 64, 79, 82, 140, 156

投影法（投映法）　131
動作性検査　126
統制性　65
特性論　19

ナ 行

内向型　70
内向性　50
内容的妥当性　111
7因子モデル　92
ナルシシズム　146

2因子モデル　94
日本語版 NEO-PI-R　62, 63
人間―状況論争　88

ハ 行

パーソナリティ　2
パーソナリティ検査　121
パーソナリティの一般因子　96
バーナム効果　116
バウムテスト　135

ビッグ・ファイブ　56, 70
筆跡学　13
ビネー式知能検査　123
標準化　120
比率尺度　24

不安　148
文化　53
文章完成法　135

併存的妥当性　112
偏差知能指数　126
弁別的妥当性　113

マ 行

マキャベリアニズム　148

ミネソタ多面人格目録　127

名義尺度　24

ヤ 行

優位性　156
遊戯性　65

要約版ビッグ・ファイブ円環モデル　56
抑うつ　148
予測的妥当性　112
四気質説　16

ラ 行

類型論　16

レジリエンス　141

ロールシャッハ・テスト　131

英　字

AB5C　56
BAS　98
Big Five Scales（BFS）　61, 66
BIS　98
DSM　146
FFFS　98
FFPC　65
FFPQ　62, 64
GFP　96
HEXACO（ヘキサコ）モデル　93
MMPI　127
P-F スタディ　133
TAT　132
WAIS　125
WISC　125
WPPSI　125
YG 性格検査　129

著 者 略 歴

小塩　真司（おしお　あつし）

2000 年　名古屋大学大学院博士後期課程修了
　　　　博士（教育心理学）
　　　　中部大学人文学部講師，助教授，准教授を経て
2012 年　早稲田大学文学学術院准教授
2014 年より
　　　　早稲田大学文学学術院教授

主 要 著 書

『自己愛の青年心理学』（ナカニシヤ出版，2004）
『はじめて学ぶパーソナリティ心理学——個性をめぐる冒険——』（ミネルヴァ書房，2010）
『性格を科学する心理学のはなし——血液型性格判断に別れを告げよう——』（新曜社，2011）
『SPSS と Amos による心理・調査データ解析——因子分析・共分散構造分析まで——［第 2 版］』（東京図書，2011）
『研究事例で学ぶ SPSS と Amos による心理・調査データ解析［第 2 版］』（東京図書，2012）
『ストーリーでわかる心理統計（1）大学生ミライの統計的日常——確率・条件・仮説って？——』（東京図書，2013）
ほか多数

Progress & Application = 8
Progress & Application パーソナリティ心理学

2014年7月25日 ⓒ　　　　　　初 版 発 行

著　者　小 塩 真 司　　　発行者　木 下 敏 孝
　　　　　　　　　　　　印刷者　山 岡 景 仁
　　　　　　　　　　　　製本者　小 高 祥 弘

発行所　　株式会社　サイエンス社
〒151-0051　東京都渋谷区千駄ヶ谷1丁目3番25号
営業　☎(03)5474-8500（代）　振替00170-7-2387
編集　☎(03)5474-8700（代）
FAX　☎(03)5474-8900

印刷　三美印刷　　製本　小高製本工業

《検印省略》

本書の内容を無断で複写複製することは，著作者および出版者の権利を侵害することがありますので，その場合にはあらかじめ小社あて許諾をお求めください。

サイエンス社のホームページのご案内
http://www.saiensu.co.jp
ご意見・ご要望は
jinbun@saiensu.co.jp まで．

ISBN978-4-7819-1343-8

PRINTED IN JAPAN

質問紙調査と心理測定尺度
――計画から実施・解析まで――

宮本聡介・宇井美代子編
A5判／336頁／本体 2,300 円（税抜）

本書は，質問紙調査を一度も経験したことのない初学者が，最初に学ぶべき基礎知識をひととおり身につけることができるテキストである．調査の実施計画・方法から，心理測定尺度の使い方，結果の整理・解析，論文・レポートの書き方，研究者としての心構えまで，気鋭の著者陣が独自の尺度開発や調査法の授業をうけもった経験を活かして詳しく解説している．また，近年欠かせなくなっているウェブ調査やテキストマイニングの基礎知識についても盛り込んだ．好評シリーズ『心理測定尺度集』の副読本としても最適な一冊である．

【主要目次】
I 導入／質問紙調査とは何か／研究法と質問紙調査／ II 作成と実施／質問紙調査の計画／心理測定尺度の概要／心理測定尺度の探し方・使い方／質問紙の作成から配付まで／ III データの整理と解析／データの整理／心理測定尺度の尺度構成／平均値の比較と相関分析／卒業論文・レポートの書き方／ IV 応用／ウェブを使った調査の実施方法／自由回答法とその後の分析方法――テキストマイニング／質問紙調査法と質的研究／研究者としての心構え・研究倫理

サイエンス社